Werner Röhle

Reich beschenkt mit Jesus

AF190768

Reich beschenkt mit Jesus

Predigten über den Kolosserbrief

Werner Röhle

Impressum

Bibliografische Information der Deutschen Nationalbibliothek:
Die Deutsche Nationalbibliothek verzeichnet diese Publikation in der
Deutschen Nationalbibliografie; detaillierte bibliografische Daten sind im
Internet über http://dnb.dnb.de abrufbar.

© 2024 Werner Röhle

Verlag: BoD · Books on Demand GmbH, In de Tarpen 42, 22848 Norderstedt
Druck: Libri Plureos GmbH, Friedensallee 273, 22763 Hamburg

ISBN: 978-3-7597-9500-7

INHALTSVERZEICHNIS

1. Vorwort

Reich beschenkt mit Jesus

Wenn man wissen will, wer Jesus ist, sollte man den Kolosserbrief lesen. Gleich im 1. Kapitel wird er ausführlich beschrieben als Ebenbild des unsichtbaren Gottes, als Schöpfer Himmels und der Erden, als Herrscher der Welt, als Welterhalter, als Welterlöser und als Weltvollender. Das Ganze gipfelt dann darin, dass glaubende Menschen durch Jesus, in dem die ganze Fülle der Gottheit wohnt, Anteil an dieser Fülle haben, der das Haupt aller Mächte und Gewalten ist (Kolosser 1,9-10). Da kann einem wirklich schwindlig werden, wenn man das einmal in Ruhe auf sich wirken lässt. Aber nicht nur im Kolosserbrief, in der ganzen Bibel geht es um Jesus, nur um Jesus. Er ist das alles dominierende Thema der Heiligen Schrift. Das Alte Testament kündigt ihn an: Jesus wird kommen. Die Evangelien bezeugen: Jesus ist hier. Er ist als Mensch und Gottes Sohn in die Geschichte eingegangen. Die Apostelgeschichte verkündigt Jesus als den von den Toten auferstandenen Herrn. Die Briefe des Neuen Testaments beschreiben Jesus als Sohn des lebendigen Gottes. Und die Offenbarung des Johannes – das letzte Buch der Bibel – beschreibt ihn als wiederkommenden Herrn, der bei seinem Kommen das Reich Gottes auf Erden aufrichten wird. Es geht immer nur um Jesus: Jesus zum Ersten, Jesus zum Zweiten und Jesus zum Dritten. Er ist einzigartig und die wichtigste Person in der ganzen Geschichte der Menschheit.

Es ist mein Wunsch und mein Gebet, dass dieses Buch mit Predigten über den Kolosserbrief dazu dient, Jesus Christus in seinem Reichtum vor die Augen zu malen (Galater 3,1).

Werner Röhle

2. Kolosser 1,1-2 – Werde ein Teil von etwas ganz Großem

a) <u>Einstieg:</u>

Ich würde mich gern – wie schon mal vor längerer Zeit angekündigt – in diesem Jahr durch den Kolosserbrief predigen.

Warum? Weil der Kolosserbrief *ein* großes Thema hat: Jesus ist alles, was wir brauchen! :/ Und so wünsche ich mir, dass wir am Ende dieser Predigtreihe alle sagen können: „Ja, das stimmt! Jesus ist mir jetzt noch viel größer und wichtiger geworden, als Er es ohnehin schon war. Meine Erkenntnis über Ihn hat noch mal richtig zugenommen! Was für einen großartigen Herrn habe ich doch! Was für einem wunderbaren Herrn darf ich vertrauen!" – Das ist mein Gebet und Wunsch für euch und auch für mich!

b) <u>Hinführung und Hintergründe ...</u>

Bevor wir näher in den ersten Text einsteigen, noch ein paar Infos zu den Hintergründen und zum Brief selber.

Kolossä war in der Antike eine Stadt in der kleinasiatischen Landschaft Phrygien, umgeben von den Städten Laodizea und Hierapolis. Zur Zeit des Paulus war das eine kleine, aber wohlhabende und reiche Stadt. Sie gehörte wohl zu den „berühmtesten Städten" Kleinasiens damals.

Es gab in dieser Gegend oft schwere Erdbeben. Zur Zeit des römischen Kaisers Nero (um 60 n.Chr.) legte solch ein schweres Erdbeben die drei Städte Kolossä, Laodizea und Hierapolis in Trümmer. Und Kolossä scheint sich nie wieder von dieser Katastrophe erholt zu haben. Es verschwindet mehr und mehr aus der Geschichte.

Paulus hat auf seinen Missionsreisen diese Städte nie besucht. Einer seiner Mitarbeiter, Epaphras, hat wahrscheinlich die Gemeinde gegründet. Vielleicht ist er in Ephesus durch den Dienst des Paulus zum Glauben an Jesus gekommen. Paulus nennt ihn in Kolosser 1,7 einen „lieben Mitknecht"! Als Paulus später in römische Gefangenschaft geriet, wurde Epaphras zu einem wichtigen Kontaktmann und hielt Paulus in Rom ständig auf dem Laufenden über die Geschehnisse und Entwicklungen in der Gemeinde. Von dort – aus dem Gefängnis im Rom – schrieb er auch so um das Jahr 60. n.Chr. den Kolosserbrief, darum gehört er zu den sogenannten „Gefangenschafts-Briefen".

Zur Gemeinde in Kolossä gehörten auch so Menschen wie Archippus, Philemon und Onesimus.

c) <u>Anlass des Briefes – Irrlehren!</u>
Warum schrieb Paulus den Kolosserbrief? Weil die Gemeinde dort bedroht war von Irrlehren, die sich dort ausbreiteten. Die bekannteste Irrlehre damals – im 1. Jhdt. ging das schon los – war die sogenannte „Gnosis". „Gnosis" heißt Erkenntnis und Wissen.

„Erkenntnis" ist zunächst mal was Gutes, denn im Glauben wächst und reift man durch „Erkenntnis". Beim Lesen der Bibel, beim Hören des Evangeliums, beim Beten macht Gott plötzlich ein „Licht" an in unseren Gedanken, in unserem Verstand, in unserem Geist, und wir verstehen wieder mehr; und dieses lässt uns wachsen und reifen im Glauben. Und das ist ein Prozess, der in unserem Leben hoffentlich nie aufhört! Jesus in uns, der Heilige Geist in uns, will uns immer mehr aufschließen, was für einen Reichtum an Erlösung wir durch Ihn bekommen haben.

Daneben gibt es aber auch eine „schlechte Gnosis und Erkenntnis", die meint, durch eigenes Bemühen, durch Aneignung von eigenem Wissen in immer höhere geistige – nicht geistliche, sondern geistige – Sphären vorstoßen zu können! So lange, bis man selbst gottähnlich geworden ist!

- „Gnosis" ist dann so eine Art „Selbsterlösung" durch Anhäufung von Erkenntnis.
- „Gnosis" ist so eine Art erste „Esoterik": Man entwickelt sich immer mehr zu einem höheren Geistwesen durch die Verbindung mit kosmischen Kräften und Energien. Wie aktuell doch die Bibel ist!

Mit dieser Art von Gnosis ging es – wie gesagt – schon recht früh los, im 1. Jhdt. Und diese religiös-philosophische Bewegung war eine Mischreligion aus Judentum, griechischem Denken und anderen orientalischen Gedanken, z. B. aus dem Iran.

Die Gnostiker behaupteten, die echte Christusnachfolge werde vertieft durch eine höhere Erkenntnis. Man sagte und lehrte, dass sich der Christ durch die Beachtung asketischer Vorschriften, besonderer Meditations-Übungen und Techniken mit kosmischen Kräften verbinden könne und dadurch immer mehr zur Vollkommenheit gelange.

Anstatt in Christus ganz allein die Erlösung zu suchen und zu finden, huldigten diese Irrlehrer einer zwar verborgenen, aber sehr bewussten Selbsterlösung. Jesus und seine Erlösung reichen nicht aus, sondern müssen ergänzt werden. Christus ist nicht der einzige Mittler, sondern gehöre in die Reihe der Geistesmächte hinein. Die volle christliche Erkenntnis sei *nicht* in Christus allein zu finden.

Diesen Hintergrund findet man in verschiedenen ntl. Briefen wie: dem 1. Kor.-Brief, den Pastoralbriefen, dem 1. Joh.-Brief, den Sendschreiben in der Offenbarung und auch im Kolosserbrief.

d) Die Antwort des Paulus im Kolosserbrief

Im Kolosserbrief gibt Paulus *die Antwort* schlechthin, adressiert an die Christen in Kolossä, um die Gnosis zu überführen und abzulehnen.

Die einzigartige göttliche Würde und Herrlichkeit der Person Jesu Christi wird wunderbar und kristallklar „herausgemeißelt"! Seine ewige, vorweltliche und überweltliche Erhabenheit über alles Geschöpfliche, auch über Engel und Geistesmächte, wird dargelegt. Die Fülle der Gottheit wohnt in Ihm – in Christus – leibhaftig. ER ist der Erlöser. Neben Ihm gibt es kein Geistwesen als Mittler unseres Heils. ER ist das Haupt der Gemeinde, die Sein Leib ist. In Christus allein ist nicht nur die Erlösung in vollem Maße durchgeführt, sondern in Ihm kann auch jeder zur Vollkommenheit heranreifen, in Ihm ganz allein!

Wer Christus erkennt und in Ihm lebt, bedarf keiner Weltweisheit oder trügerischen Philosophie; denn „in Christus sind alle Schätze der Weisheit und Erkenntnis verborgen." Ganz hell lässt Paulus im Kolosserbrief das Antlitz des Gottessohnes vor den Augen der Kolosser aufleuchten. Denn Paulus weiß genau: „Wer einmal die Herrlichkeit Jesu Christi geschaut hat, wird nicht mehr leicht von den Ersatzversuchen der Irrlehrer betört werden."

Der neutestamentliche Forscher Adolf Deißmann hat den Kolosserbrief mit einer „dynamisch präexistenten Kantate" von Johann Sebastian Bach verglichen. Er meint: „Öffne ich die Kapellentür des Kolosserbriefes, so ist's mir, als säße Johann Sebastian Bach auf der Orgelbank."

Die Ausführungen des Paulus im Kolosserbrief werden feierlich – ohne Polemik – aufgebaut und entfaltet. Die beste Abwehr gegen alle Irrlehre und Schwärmerei ist damals wie heute die Beschäftigung mit Jesus Christus und ein Glaubensleben in Seiner Kraft.
Jesus Christus ist alles, was wir brauchen!

So, ihr Lieben, das war die Vorrede und Hinführung, die wichtig war, um den Kolosserbrief zu verstehen. Und jetzt gucken wir uns mal (nur) die ersten 2 Verse im Kolosserbrief an: Kolosser 1,1-2 …
Um mehr geht es heute Morgen nicht.

Das Thema zu diesen beiden Versen lautet: „Werde ein Teil von etwas ganz Großem!" :/

Und das ganz Große hier ist:
  ❖ Die Entdeckung von Jesus und Seinem Evangelium!
  ❖ Das Mitmachen beim Ausbreiten, Bekanntmachen und Weitersagen von Jesus und Seinem Evangelium!
  ❖ Und das Verstehen und Erkennen des Geheimnisses Seiner Gemeinde! Und das Leben in ihr!

„Werde ein Teil von etwas ganz Großem!"
Dazu möchte ich euch gern drei Gedanken und Entdeckungen aus diesen ersten zwei Versen weitergeben.

Sie lauten:

1) Die Gründer der Gemeinde!
2) Die Glieder der Gemeinde!
3) Und die Lebensquellen der Gemeinde!

„Werde ein Teil von etwas ganz Großem!"

Erste Entdeckung:

1) <u>Die Gründer der Gemeinde! :/ (Vers 1)</u>

a) <u>Jesus Christus!</u>

Der *erste* Gründer der Gemeinde ist Jesus Christus selbst! Er rief sie ins Leben an Pfingsten vor gut 2000 Jahren durch die Ausgießung Seines Heiligen Geistes! Seitdem gibt es sie: die Gemeinde Jesu Christi! Heute wird das Christentum als größte Weltreligion bezeichnet. Zu ihr zählen sich ca. 2,26 Milliarden Anhänger, wobei nur Gott allein weiß, wer vom Herzen her mit dazugehört.

Warum ist sie bisher noch nicht untergegangen, die Gemeinde Jesu Christi? Warum hat sie sich so gewaltig ausgedehnt und dehnt sich immer noch weiter gewaltig aus? Das hängt mit ihrem ersten Gründer zusammen!

Jesus Christus gehört nicht der Vergangenheit an, so gewiss Er eine geschichtliche Persönlichkeit war und ist. Aber Gott gab Ihm durch Ostern, Himmelfahrt und Pfingsten ein neues, höheres Leben. Jesus lebt! Jesus Christus ist der lebendige Sohn Gottes! Er ist der erhöhte HERR, der in vollendeter Gemeinschaft mit Gott steht. Er ist das Haupt Seiner Gemeinde, von dem sie lebt und in dessen Dienst sie steht.

Er ist der Christus Gottes, der unsere Rettung bedeutet und im Auftrag Gottes aus allen Völkern der Erde die ruft, die bereit sind, ein neues Gottesvolk, eine neue Menschheit Gottes unter Ihm zu werden.

Und Gott macht keine halben Sachen! Es ist ein groß angelegtes Werk, das der Christus Gottes durchführen soll. Es hat sein letztes Ziel in der neuen Welt Gottes, die Christus gestalten wird, wenn Er aus der Verborgenheit hervortritt und in der Majestät Gottes die Regierung der Welt übernimmt. Dann wird der Urplan Gottes, den Er mit der Schöpfung hatte, zur Erfüllung kommen.

Die neue Gottesgemeinde, die das Werk des Christus ist, wird Träger und Gestalter des Lebens in dieser neuen Welt Gottes sein!

„Werde ein Teil von etwas ganz Großem!"

b) Apostel!

Der *erste* Gründer der Gemeinde ist Jesus Christus selbst! Die *zweiten* Gründer der Gemeinde sind die Apostel! Damit Gott sein letztes Ziel mit dieser Welt erreicht, bereitet Ihm Christus die Gemeinde, mit der Er die Ziele Gottes verwirklichen kann. Das ist der Sinn des Wirkens Jesu seit seiner Erhöhung zur Rechten Gottes und bis zu Seiner Wiederkunft in Herrlichkeit, diese Gemeinde zu gestalten!

Dazu sendet Er Boten in alle Völker aus, um die Gute Nachricht des Evangeliums von Ihm und Seiner Gemeinde in alle Welt zu tragen. Und die erste Gruppe bestand aus 12 Jüngern und Aposteln, die Sein Werk fortsetzen sollten und denen man darum vorzugsweise den Namen eines Boten, eines Gesandten beilegte.

Ein Apostel war ein Gesandter Jesu Christi. Und ein Apostel musste 3 Kennzeichen oder Voraussetzungen erfüllen, um sich Apostel nennen zu können.

1. Er musste Jesus Christus persönlich gesehen haben!
2. Er musste von Jesus diesen Auftrag des Aposteldienstes empfangen haben!
3. Er musste von Jesus in diesem Dienst bestätigt und bevollmächtigt worden sein! Also in diesem Wort „Apostel" schwang ganz stark der Gedanke der übertragenen Vollmacht mit, also die geistliche Autorität des Auftraggebers.

Darum betont das Paulus auch immer wieder: „Nach seiner Auferstehung habe ich den Herrn gesehen. Er ist mir erschienen – da vor Damaskus – und Er hat mir persönlich den Auftrag gegeben, zu den Nichtjuden zu gehen und ihnen das Evangelium zu bringen."

Das alles steckt hier in diesem Vers 1 mit drin: „Paulus, ein Apostel Christi Jesu durch den Willen Gottes ..."

Ein griechischer Geschichtsschreiber berichtete einmal, wie die Athener ein Kreuzergeschwader unter einem Admiral aussenden, um eine aufsässige Insel zur Raison zu bringen. Dabei bezeichnete er den Admiral als „apostolos", als bevollmächtigten Gesandten, der im Auftrag seines Königs handelte.

Also wenn Paulus hier den Kolosserbrief schreibt, um die Gemeinde geistlich zu belehren und weiterzuführen, und wenn er dabei diesen Zusatz erwähnt, dass er ein Apostel Jesu Christi ist, heißt das auch für uns: „Aufgepasst!"

Denn wir haben es nicht nur mit dem Menschen Paulus und seinen theologischen Meinungen zu tun, sondern mit dem von Jesus Gesandten und Bevollmächtigten … und deshalb mit Jesus selbst, der durch Paulus und durch den Kolosserbrief zu uns sprechen will!

Durch den „Willen Gottes", hinter den nicht zurückgefragt werden kann, erhält der Mann diese unerhörte Bevollmächtigung. Durch die Apostel des Christus werden Seine Gemeinden gereinigt, geheiligt, gestärkt und in ihrem Denken geklärt. Die Apostel des Christus vermitteln ihnen eine umfassende Erkenntnis dessen, was ihnen mit Jesus geschenkt wurde!

c) Und wir – Zeugendienst!

Und doch wurde dieser Begriff „Apostel" auch schon damals weiter gefasst. Die Urgemeinde war sich bewusst, dass die Zwölf nicht die einzigen Gesandten des Christus waren. Seitdem hat es durch die Jahrhunderte hindurch eine unüberschaubare Kette von „Gesandten" des Christus Jesus gegeben. Im 20. Jhdt. ist ihre Zahl lawinenhaft angewachsen. Zehntausende sind in der ganzen weiten Welt unterwegs, um das Evangelium auszubreiten und Gemeinden zu gründen.

So hat es „Nommensen, den Apostel der Bataks" gegeben, und so kann man im Grunde jeden „Gemeindegründer" ob vollzeitlich oder ehrenamtlich als „apostolos" verstehen; ja, sogar jeden einzelnen Christen! Darum: Werde ein Teil von etwas ganz Großem!

Jeder, der an Jesus glaubt, ist aus Dankbarkeit und Freude sein Zeuge! Er kann nicht verschweigen, was ihm in Christus zuteilwurde! Er weiß, dass sein neuer Herr die große Gabe Gottes an diese Welt ist!

Er weiß, dass es ein unverdientes Geschenk ist, dass Christus uns in Seine Lebensgemeinschaft aufnimmt und zu Kindern Seines Vaters im Himmel macht! Die Freude darüber ist so riesengroß und so tief, dass er sie unmöglich für sich behalten kann!

Unsere ganze Lebensgeschichte gewinnt von dort einen neuen Sinn und Inhalt, und Jesus Christus ist ihr Gestalter!
Werde ein Teil von etwas ganz Großem!
Erstens: Die Gründer der Gemeinde!
Zweitens:

2)   Die Glieder der Gemeinde! :/ (Verse 1b – 2 a)

a) Brüder und Schwestern in Christus!
„Paulus, ein Apostel Christi Jesu durch den Willen Gottes, und Bruder Timotheus, an die Heiligen in Kolossä, die gläubigen Brüder in Christus."

„Der Bruder oder die Schwester": das ist der größte Ehrenname, den es in der Gemeinde des Christus gibt! Vielleicht wäre es darum gut, diesen Ehrennamen sparsam zu gebrauchen, um ihn nicht zu entwerten. Es durchzieht uns eine heilige Ehrfurcht, wenn wir diesen Namen verwenden. Geschöpfe Gottes sind alle Menschen. Zu einem „Bruder, zu einer Schwester im Herrn" wird man nur durch das Werk Jesu am Kreuz. Wir werden dadurch in die „Familie Gottes" aufgenommen. Es ist etwas Großes und ganz Besonderes, dass der Mensch neben mir – in meinen Augen genauso unvollkommen und zu jeder Sünde fähig ist wie ich selber – ein Glied der Christusgemeinde und damit mein Bruder und meine Schwester ist. Größeres kann von keinem Menschen gesagt werden!

Ehe uns Jesus zu Gesandten und Zeugen machen kann, macht Er uns zu einem Menschen, den Er in Seine Gemeinde aufnimmt und der damit ein Bruder und eine Schwester wird! Wie klein ist dagegen der Titel eines Pastors oder eines Bischofs gegenüber dem großen Namen „ein Bruder". Alle Berufungen in den Dienst am Evangelium können nur auf Grund der Tatsache erfolgen, dass einem Menschen von Christus dieser Name beigelegt wurde. Größeres können wir von keinem Menschen sagen, als dass er ein Bruder und eine Schwester ist. Damit ist die Gabe Gottes: der neue Stand in Christus und seiner Gemeinde, die Verbundenheit mit allen Gliedern der Christusgemeinde in der ganzen Welt ausgesprochen.

Und darum staunen wir auch so oft über diese geheimnisvolle Verbundenheit mit Menschen, die uns bis dahin ganz fremd waren. Es ist ein großes Vorrecht, zu dieser Brudergemeinde zu gehören. Und es ist eine tiefe Verpflichtung, diesem Bruderstand gemäß zu leben. Nie hat ein Mensch Christus gefunden, ohne nicht zugleich von Ihm in Seine große, weltweite Bruderschaft hineingestellt zu werden.

Alle Glieder der Christusgemeinde stehen in einer Linie vor Gott. Sie sind vor Ihm in der gleichen Weise zu jeder Sünde fähige Menschen, die nur von der Vergebung Jesu leben, und in der gleichen Weise Brüder, die durch die Gemeinschaft mit Christus in dasselbe Leben mit Gott gestellt wurden. Kinder eines Vaters tragen dasselbe Leben in sich. Darum können Christen auch unmöglich weniger Geschwister auf Erden haben wollen, als der Vater im Himmel Kinder hat! Es ist das Leben Jesu, dass das Lebenselement aller Kinder Gottes ausmacht.

Darum, weil dasselbe Leben aus Christus sie durchzieht und in ihnen schafft und gestaltet, darum sind sie Brüder, Glieder einer großen Familie, die sich durch alle Völker der Welt zieht und deren Oberhaupt Jesus, der Herr, nach den Plänen Gottes ist.

Wir können uns aus dieser neuen Wirklichkeit unseres Lebens nicht nach unserem Belieben lösen. Wir können nur gegen sie schuldig werden, und wir sind alle vielfältig an ihr schuldig geworden. Es ist ein Stück unserer großen neuen Lebensaufgabe, dem neuen Stand als Glieder dieser Brudergemeinde gemäß zu leben und den Brudernamen in Ehren zu tragen und dem Brudernamen bei allen Gliedern der Christusgemeinde die volle Ehre zu geben!

Werde ein Teil von etwas ganz Großem!
Dazu gehört gelebte Bruderschaft!

b) Die Heiligen in Christus in Kolossä und Neustadt!
Und dann spricht Paulus hier noch von den „Heiligen": „... an die Heiligen in Kolossä (und Neustadt), die gläubigen Brüder in Christus."

Die „Heiligen" sind die, die zu Gott gehören, weil Er sie erwählt und zu Seinem Eigentum gemacht hat. Ihr „gläubiges Ja-Sagen" zu dieser göttlichen Erwählung bestimmt ihr ganzes Dasein. Du und ich – wir beide – sind die „Heiligen", wir sind im wahrsten Sinne des Wortes „heilig" gesprochen worden! Von Gott selbst durch seinen Sohn Jesus Christus! Das ist ein ganz besonderes Vorrecht und auch eine überwältigende Bezeichnung, weil wir doch eigentlich ganz genau im Bilde sind über unsere Unzulänglichkeiten. In unserer Empfindlichkeit usw. Wir kennen uns doch nur zu gut.

Wir kennen uns selbst und wissen genau, wieviel uns in dieser Hinsicht fehlt. Dennoch nennt die Heilige Schrift diese Leute des Christus, denen so viel fehlt, „Heilige", weil Jesus Christus sie durch sein Blut und sein Vergeben vor Gott reinwusch, so dass Gott keinen Flecken und Fehler mehr an ihnen sieht. Was für ein Adel!

Wen Christus reingewaschen hat, der ist in Menschenaugen ein richtiger Mensch mit vielen Fehlern und Schwächen, aber in Gottes Augen ohne einen Makel, ganz rein, ein wirklicher Heiliger. Dieser große Name macht uns unendlich froh und sehr dankbar und bescheiden zugleich.

c) In Christus!
Paulus spricht hier in Vers 2 von zwei „Ortsbezeichnungen", in denen die Christen leben. Sie leben „in Kolossä", und sie leben „in Christus"! Das *eine* ist ihr *irdischer* Wohnort. Das *andere* ist ihr grundsätzlicher und bleibender *geistlicher* Wohnort, der ihr ganzes Dasein bestimmt.

„In Christus sein", ungefähr 170-mal kommt diese „Formel" im NT vor und ist die kürzeste Beschreibung eines Christen.
„Ist jemand in Christus" – schreibt Paulus – „so ist er eine neue Kreatur, das Alte ist vergangen, siehe Neues ist geworden." 2. Kor. 5,17
Wenn ein Mensch „in Christus" ist, dann ist er „im Leben", weil Christus „das Leben" ist. Und wenn ein Mensch „nicht" in Christus ist, dann ist er „nicht" im Leben, weder hier noch in der Ewigkeit. Wir können Gott nicht näher sein, als wenn wir „in ihm" sind. Ein Mensch ist „in Christus", wenn er Ihm bekennt: „Bis jetzt habe ich für mich selbst und „in" und „aus mir selbst gelebt", aber hier und jetzt gebe ich nach und verliere mein Leben an dich."

Denn das Einzige, das wir wirklich besitzen, ist unser Leben, und darum ist es auch das Einzige, was wir Gott tatsächlich geben können. Und da, wo ein Mensch sein Leben an Jesus verliert, stellt er mit Erstaunen fest, dass er es gewinnt! :/

Diese zwei Worte „in Christus" teilen die Menschheit in „zwei Gruppen", nämlich „in Christus" und „außerhalb von Christus". Die Menschheitsgeschichte wird im Grunde nicht geteilt durch „vor Christus" (v.Chr.) und „nach Christus" (n.Chr.), sondern durch „in Christus" (i. Chr.) und „außerhalb von Christus" (a. Chr.).

Denn wer „in Christus" ist, ist „im Leben" und wer „außerhalb von Christus" ist, ist „im Tod", im „geistlichen" Tod.
C. S. Lewis formulierte es ähnlich: „Letztlich gibt es nur zwei Arten von Menschen. Jene, die zu Gott sagen: „Dein Wille geschehe", und jene, zu denen Gott sagen wird: „Euer Wille geschehe."

Wie kommt ein Mensch an diesen Ort: „in Christus"? Indem ein Mensch zu Gott umkehrt, sich an Gott wendet, Ihn um Vergebung seiner Schuld bittet und sein ganzes Leben unter die Herrschaft Gottes stellt ohne „Wenn und Aber". Das kann im Anschluss an diesen Gottesdienst geschehen! Warum eigentlich nicht? Oder auch ganz persönlich…

Werde ein Teil von etwas ganz Großem!
Erste Entdeckung: Die Gründer der Gemeinde!
Zweite Entdeckung: Die Glieder der Gemeinde!
Drittens und letztens:

3) Die Lebensquellen der Gemeinde! :/ (Verse 6-7)

a) Gnade!

Paulus kommt abschließend auf das zu sprechen, was sein Leben so reich gemacht hat. Und das wünscht er allen Christen: „Gnade sei mit euch und Friede von Gott, unserm Vater." Vers 2

Das sind die stärksten Lebenskräfte der Welt!

Die Gnade Gottes, die uns Jesus bereitet hat, schafft etwas, was keine Macht der Welt vermag: sie löst eine Vergangenheit von uns ab, die uns mit all ihrer Schuld bis in Ewigkeit folgen würde. Kein Mensch ist imstande, sich von seiner Vergangenheit zu lösen. Das ist das Furchtbare, dass wir keine Sekunde unseres Lebens ändern können, die wir gelebt haben. Wir täten es so gern, aber jede Sekunde unseres bisherigen Lebens liegt inhaltsmäßig eisern fest. Es ist furchtbar, dass uns keine Macht der Welt von diesen dunklen Schatten lösen kann. Aber Jesus ist imstande, durch die Macht seiner Gnade uns von unserer ganzen Vergangenheit zu lösen und uns rein vor Gott hinzustellen! :/

❖ So schlecht kannst du gar nicht sein, wie Jesus gut ist! :/
❖ Wenn Gott für dich ist, wie kannst du dann gegen dich sein? :/

Paulus, der selbstgerechte Pharisäer, von dem es heißt, „dass er Gefallen an der Steinigung und dem Tod von Stephanus hatte" (Apg. 8,1) und der als Christenhasser – und Verfolger „mit Drohen und Morden gegen die Jünger des Herrn schnaubte" (Apg.9,1), denkt an Damaskus.

Denkt an den Augenblick, wo ihn die Gnade erwischte und zu Boden warf. Jesus, der Auferstandene, wirft ihn – den Überheblichen und Selbstgerechten – zu Boden, macht ihn blind und klein, damit er mit seinen Herzensaugen die Gnade sehen und ergreifen kann!

Die Lebensmacht der Gnade löst ihn nicht nur von seiner belasteten Vergangenheit, sondern gestaltet auch seine Zukunft. Wenn diese Gnade durch Jesus in unser Leben kommt, beginnt sie, ihre Lebensmacht in uns zu entfalten, beginnt sie, an uns zu arbeiten und uns Schritt für Schritt umzugestalten! Das ist ein lebenslanger Prozess. Wir sind durch Gnade errettet, und wir sind das ganze Leben von der Gnade abhängig! Wir sind zwar von Jesus von dem Zwang des „Sündigenmüssens" befreit worden (Röm. 8,2); theoretisch müssten wir nicht mehr sündigen, aber praktisch werden wir noch sündigen, weil wir noch nicht im Himmel sind, weil wir noch nicht vollkommen sind. Und darum leben wir das ganze Leben lang von der Gnade!

Diese Lebensmacht Seiner Gnade ist stärker als alles, was es in der Welt gibt – auch als die tiefen Hemmungen, die uns selbst ihm – Jesus – im Wege stehen. Seine Gnade überwindet auch die schwersten Dinge in uns und unserem Leben und bringt jeden, der Ihm gehört, ans Ziel!

b) Friede!
Und darum erfüllt uns auch ein tiefer Friede, der Schalom, der Friede Gottes! Jesus selbst in uns ist unser Friede! In Ihm sind wir geborgene Menschen! Dieser Friede hat nichts mit Stimmung zu tun.

Er ist das Eingebettetsein in das Lebenswerk des Christus und das Getragensein von Ihm! Das macht uns auch so getrost und gewiss gegenüber allen Schwankungen in uns und um uns.

In dem Wissen um Jesus und seine Gnade kommen wir zu einer großen Ruhe und einem tiefen Frieden. Das sind göttliche Realitäten. Und weil Jesus selbst unser Friede ist, ist dieser Friede auch unabhängig von unseren Gefühlen und Erfahrungen. Er ist die Lebenswirklichkeit des Christus, der uns mit Gott versöhnt hat und uns trägt. Das alles aber hat seine letzte Quelle in Gott. Er gab uns den Christus. Und Er wurde durch Christus unser Vater. Er legte in Jesus als den Herrn der Gemeinde alle Kräfte seines Lebens. Er gab uns durch ihn die große Wirklichkeit der Gnade und des Friedens. Darum, weil alles, was wir in Christus finden, aus Gott stammt, können wir hierauf wirklich unser Leben gründen. Darum sind hier echte „Lebensquellen", die nie versiegen!   Amen!

---

3.   Kolosser 1,3-14 – Jesus verändert

a) Einstieg:

Was empfindet ihr, wenn ihr jemanden trefft, dem ihr nach vielen Jahren mal wieder begegnet und der dann zu euch sagt: „Du hast dich ja gar nicht verändert!" Empfindet ihr das *positiv*, so nach der Weise: Du bist immer noch so jung und frisch drauf, wie du früher mal warst. Oder ist das für euch mehr eine *Beleidigung*, so nach der Art: „So viel älter geworden und kein bisschen dazu gelernt." – Also eher ein Kompliment oder mehr eine Beleidigung? ... Kurzes Feedback ...

Es gibt auch heute Morgen wieder eine „Gute Nachricht". Sie lautet: Man kann sich positiv verändern, so dass es auffällt! Veränderung durch Jesus Christus ist das große Thema des Kolosserbriefes!

b) Textlesung, Wiederholung und Thema ...
Und darüber möchte ich heute Morgen die 2.te Predigt halten. Und ich lese uns den Text dazu aus Kolosser 1,3-14 ...
Die 1.te Predigt hatte das Thema: „Werde Teil von etwas ganz Großem!"
Und das ganz große war:

❖ Die Entdeckung von Jesus und Seinem Evangelium!
❖ Das Mitmachen beim Ausbreiten, Bekanntmachen und Weitersagen von Jesus und Seinem Evangelium!
❖ Und das Verstehen und Erkennen des Geheimnisses Seiner Gemeinde! Und das Leben in ihr!

Zum Text, den wir gerade gehört haben, ist mir das Thema eingefallen: „Jesus verändert!" :/
Auch heute wieder 3 kurze Gedanken dazu:

1) Gemeinde – ein Grund zum Danken!
2) Geistliches Wachstum fördern durch Bitten, also Beten!
3) Jesus ist alles, was wir brauchen!

„Jesus verändert!"   Erstens:

1) Gemeinde – ein Grund zum Danken! :/ (Verse 3-8)

a) Glaube – Liebe – Hoffnung!
Gott hat dieser Welt zwei große Geschenke gemacht: Seinen Sohn Jesus Christus und die Gemeinde der Glaubenden!

Und darüber kann sich Paulus so freuen, dass er hier mit einem Dankgebet diesen Abschnitt eröffnet: Verse 3 – 5 a lesen … Paulus dankt Gott für das „Geschenk der Gemeinde" in Kolossä.

Auch in Kolossä gibt es Menschen, die durch Jesus Christus Gott nicht nur als einen ganz persönlichen Gott erfahren haben, sondern auch als Vater! Paulus hat gehört, dass es dort in Kolossä Menschen gibt, die nicht nur *an* Christus glauben, sondern durch ihren Glauben *in* Christus Jesus Heimat gefunden haben und in ihm leben. Jesus Christus ist der, der sie von allen Seiten umgibt. Er ist der lebendige Herr. Wo deutlich wird, dass ein Mensch bei Jesus und in Jesus zu Hause ist, da wird seine Zugehörigkeit zur Christusgemeinde offenbar. Glaube ist die personhafte Lebensverbindung mit Jesus selbst, so dass mein Glaube „in" Ihm als einer lebendigen und gegenwärtigen Person wurzelt und mein ganzes Dasein zu einem Leben „in Christus" macht!

Dieser Glaube entsteht in einem Menschen durch das Wunderwerk des Heiligen Geistes. Dieser Heilige Geist bringt die Geburt eines neuen, göttlichen Lebens in einem Menschen hervor. Und jeder, der durch den Geist Gottes in diese neue Lebensgemeinschaft mit Jesus Christus gestellt wird, empfängt damit auch den neuen Blick für die Wirklichkeit der Gemeinde Jesu Christi. Er erkennt seine Brüder und Schwestern.

Immer wieder faszinierend, wie Gott aus unvollkommenen schwachen Menschen, die nie „fertig" sind und werden in ihrer Entwicklung, „Glaubende" macht. Ja sogar „Heilige"! Wer durch Jesus mit Gott in Kontakt kommt, wird zu einem „Heiligen"! Wird zu einem Menschen, dem alle Schuld vergeben und der in die „Familie Gottes" aufgenommen wird! „Heilig sein" heißt: zu Gott gehörend!

„Heilige" mögen vor den Augen der Menschen ziemlich unvollkommen und kümmerlich sein, aber vor Gott sind sie „Heilige" durch Christus!

In einer Wüste von Götzendienst, Aberglauben, Unglauben und Gedankenlosigkeit gibt es nun auch in Kolossä Frauen und Männer, die zum lebendigen Glauben an Jesus Christus gekommen sind. Das ist für Paulus ein Grund zum Danken, so oft er daran denkt. Und er freut sich so darüber, dass dieser Glaube Kreise gezogen hat: Verse 3-5 a noch mal lesen … „Glaube, Liebe, Hoffnung, diese drei", kennzeichnen das Leben nicht so sehr des einzelnen Christen, den das NT als einsamen einzelnen überhaupt nicht kennt. Christsein gibt es im NT nur im Plural!

❖ „Wer glaubt, dass Jesus der Christus ist, der ist aus Gott geboren; und wer den liebt, der ihn geboren hat, der liebt auch den, der aus ihm geboren ist." 1. Johannes 5,1 – So wie Jesus bei uns durch alle Mängel hindurchschaut, so gehen auch Christen miteinander um.

❖ Interessant ist hier auch noch, dass die Hoffnung auf den Himmel auch im Plural steht: „… die Hoffnung liegt bereit in den Himmeln." Das NT gebraucht gern den Plural „die Himmel", um den Reichtum und die Vielfalt der unsichtbaren Welt Gottes anzudeuten. Paulus spricht in 2. Kor. 12,2 von dem „dritten Himmel", in den er mal im Geist entrückt wurde. Der Himmel hat viele Räume. Lassen wir uns mal überraschen.

❖ So sind der Glaube, der in Jesus Christus lebt, die Liebe zu allen Heiligen und die Hoffnung auf die zukünftige Herrlichkeit bei Jesus drei wesentliche und wichtige Lebensfaktoren seiner Gemeinde!

❖ „Glaube kennt keine Beschränkung, Hoffnung kennt keine Zeit, Liebe kennt keine Grenzen!" :/ Zitat vom Theologen Hans-Joachim Eckstein.

b) Die Power des Wortes Gottes!

Paulus dankt Gott auch für die Offenheit der Kolosser, dass sie das Wort Gottes nicht nur angenommen haben, sondern ihm auch Raum geben! Verse 5-6: „Von ihr – der Hoffnung … lesen …"

Das Wort Gottes ist eine einzigartige Macht. Ihm allein liegt eine Power, eine Kraft zu Grunde, den Glauben an Jesus zu wecken und in die Liebe zu allen Heiligen zu stellen! Wo der Glaube an Christus geboren wird, und die Liebe zu allen Heiligen entsteht, ist mehr dagewesen als nur Menschenworte. Da hat das Wahrheitswort des Evangeliums seine ganze Macht entfaltet.

Sein Inhalt ist Jesus Christus! Er in seiner Person ist das Evangelium, die frohe Botschaft. Er persönlich ist die Wahrheit, neben der es keine zweite gibt. Und das gibt unserem Dienst und Zeugnis für Christus eine solche Gewissheit und Stoßkraft und Power und Dynamik, dass wir dieses eine Wahrheitswort ausrichten und weitergeben dürfen. Paulus drückt das hier so aus: „… das Evangelium ist bei euch gegenwärtig und will ständig in euch hinein." Vers 6 – Ich kann den knappen griechischen Ausdruck (παρόντος = da sein, dabei sein, anwesend sein, kommen, hinkommen, gelangen) nur in dieser Umschreibung wiedergeben. Und man spürt hier dem Paulus ab, mit welcher Gewissheit und Freude er die Botschaft von Jesus ausrichtet, weil er weiß, dass sie eine gegenwärtige Macht ist, die in einem lebendigen Angriff auf uns alle steht und uns ganz für Jesus beschlagnahmen will. Paulus weiß, weil er es so erlebt hat, dass das Wort von Jesus die größte Lebensmacht der Welt ist, die sich durch alles hindurch durchsetzen wird!

Wir leben 2000 Jahre später und sehen, wie die Prophetie des Paulus Wirklichkeit geworden ist, wie sich das Evangelium seitdem weltweit ausgebreitet hat und nun die Gemeinde des Christus in allen Völkern der Welt existiert. Das Wahrheitswort des Evangeliums hat seine Macht bewiesen und ist am Fruchtbringen und Wachsen auf den großen Tag hin, an dem Jesus aus der Verborgenheit hervortreten und wieder zu uns kommen wird. Ich habe so an Martin Luther gedacht, der mal im Rückblick auf die Reformation gesagt hat: „Während Magister Philippus Melanchthon und ich Wittenbergisch Bier getrunken haben, ist das Wort Gottes durch die Lande gegangen und hats gemacht."

Darf ich mal einen Eindruck weitergegeben, der mir bei der Vorbereitung der Predigt so gekommen ist. Ich mache mir Sorgen um die Christenheit in Europa. Da ist so wenig zu sehen und zu spüren von der Power des Wortes Gottes. Ich kann es auch gleichnishaft sagen.

❖ Zeige mir einen Christen, der von seinen Gefühlen hin- und hergeworfen wird, und ich zeige dir einen Christen, der kaum oder gar nicht mehr in der Bibel liest und betet.

❖ Zeige mir einen Christen, der ständig von Zweifeln umgetrieben wird, und ich zeige dir einen Christen, der sich nicht in der Bibel auskennt und nicht weiß, wie er mit Anfechtungen so umgehen kann, dass sie verschwinden.

❖ Zeige mir einen Christen, der ohnmachts – und vollmachtslos unterwegs ist, und ich zeige dir einen Christen, der nicht weiß, wie man betend die Bibel liest, um die Kraftquellen und die Power des Wortes Gottes für sein alltägliches Leben zu nutzen.

❖ Usw. usf.

Es geht doch nicht nur um „Bibelwissen", obwohl das auch sehr nützlich sein kann. Aber das Evangelium ist weder Moral noch Ethik, weder Religion noch Philosophie, sondern die Gute Nachricht von der Gnade Gottes, die in Jesus Christus Mensch geworden ist!
Als die Kolosser diese Lebensmacht der Gnade Gottes als den neuen, tragenden Lebensgrund erkannten und aufnahmen, begann in ihnen eine Lebensgeschichte, die nicht mehr zum Stillstand gekommen ist.

Da, wo uns die Lebensmacht der Gnade ergreifen darf, fängt eine Entwicklung an, die nicht mehr aufhört. Was ist das für eine Freude und Kraft, dass wir uns der Macht der Gnade anvertrauen dürfen. Da ist man wirklich geborgen.

Diese Lebensmacht der Gnade trägt uns und lässt uns nie wieder los. Wo Jesus mit dieser Macht der Gnade Gottes einziehen kann, beginnt ein Leben, in dem Er der Tragende, Erhaltende und Gestaltende ist, bis wir das Ziel unseres Glaubens – den Himmel – erreicht haben (Phil. 1,6)!

c) Epaphras = Mitknecht und Mitdiener!

Und dabei ist noch etwas sehr überraschend, dass unser großer Herr uns kleine Menschen zur Ausrichtung seines Wortes und Werkes gebraucht. Nötig hätte Er uns eigentlich nicht. Er tut es trotzdem, um uns Freude zu machen und unser Leben mit einem reichen Inhalt zu füllen.

Das Leben wird erst von da ab lebenswert, wo wir in den Dienst Jesu treten und seine Boten und Zeugen für andere werden. Mach mit! Das ist was Wunderbares! Der Berliner spricht davon: „Du bist ein dufter Typ!" Paulus hat im 2. Kor.-Brief davon gesprochen, dass sich das Evangelium „wie ein Duft" überall ausbreitet. (2. Kor. 2,14)

Mach mit und werde ein Teil von etwas ganz Großem, in Neustadt, Ostholstein und Plön. Es gibt keinen größeren Lebensinhalt, als an dem Bau der Gemeinde Jesu mitzuhelfen!

Epaphras wäre unbekannt geblieben und nicht in die Bibel hineingekommen, wenn er nicht das Evangelium nach Kolossä gebracht und die Gemeinde dort gegründet hätte. Dass Jesus Christus ihm sein Wort anvertraute, hat diesem Leben die große Linie gegeben!
Epaphras hat hier 2 Ehrentitel bekommen:

- ❖ Er wird hier als „Mitknecht", als „Sklave" bezeichnet.
- ❖ Er wird hier als „treuer Diener" beschrieben.

So macht man im Reich Gottes Karriere: Man wird zu einem „Sklaven" und zu einem „Diener" Jesu Christi! Wir binden keinen Menschen an irgendeinen anderen Menschen. Und wir sind auch keine Diener von Menschen, sondern Diener unseres Herrn Jesus selbst ist die letzte Instanz unseres Lebens. Unser Dienst gehört niemand anders als Ihm persönlich. „Ihr seid teuer erkauft. Werdet nicht der Menschen Knechte." (1. Kor. 6,20) Ein Diener steht immer fragend vor seinem Herrn, immer bereit, Anweisungen auszuführen, immer bereit, auch den geringsten Dienst in der Gemeinde zu tun, auch bereit, in die 2.te Reihe zu treten! Ein Diener lebt davon, dass Jesus um ihn weiß und seine innere Haltung, seine Motive, aber auch seine Treue bis ins Verborgenste kennt.

Jesus verändert!

1) Gemeinde – ein Grund zum Danken!

Bevor ich mit dem 2. Gedanken weitermache, möchte ich gern an dieser Stelle 1 Minute persönliche Gebetsstille einbauen.

Jeder, der möchte, kann jetzt in der Stille – nicht laut – 1 Minute beten, aber bitte nur „danken". Danken für unsere Freie evangelische Gemeinde Neustadt …

Ich beende diese „Gebetsstille" mit einem lauten Amen.

Gebetsstille …   Amen!

Jesus verändert!

Der 2. Gedanke heißt:

2)   <u>Geistliches Wachstum fördern durch bitten! :/ (Verse 9-12)</u>

a) <u>Alles ist auf Wachstum angelegt!</u>

Davon sprechen jetzt die nächsten Verse 9 bis 11 … lesen …

Paulus weiß, dass geistliches Wachstum gefördert wird durch Gebet, und darum hat er sofort angefangen, für die neu entstandene Gemeinde in Kolossä zu beten. Er und seine Mitarbeiter hörten seitdem nicht auf, fürbittend für die Christen in Kolossä einzutreten! Gebete wirken auch, wenn man Hunderte von Kilometern in Rom im Gefängnis sitzt.

Bekehrung und Wiedergeburt sind nicht Vollendung, sondern Anfangspunkt einer neuen Lebensgeschichte. Es ist großartig, wenn Jesus uns in seine Lebensgemeinschaft aufnimmt und dadurch in seine Gemeinde-Familie eingliedert. Das stellt unser Leben auf eine ganz neue Grundlage. Bekehrung und Wiedergeburt sind der erste Schritt zum Neuwerden, aber auch wirklich nur der erste Schritt, dem viele, viele Schritte noch folgen müssen.

Es ist gar nicht möglich, dass Jesus in unser Leben eintritt, ohne dass eine ganz neue Lebensgestaltung durch Ihn beginnt.

„Bekehrung" und „Wiedergeburt" sind die neutestamentlichen Ausdrücke, die dieselbe Tat Gottes beschreiben, durch die Er uns in die Lebensgemeinschaft mit Christus stellt. In dem Begriff „Bekehrung" liegt der Ton stärker auf der Entscheidung des Menschen. In dem Begriff „Wiedergeburt" kommt zum Ausdruck, dass ein anderer uns das Leben in Christus gibt, wie wir auch in der leiblichen Geburt uns nicht selbst das Leben gaben, sondern das Leben empfangen haben. „Wiedergeburt" betont mehr die göttliche Seite in diesem Geschehen.

Gott gestaltet alles im Leben seiner Gemeinde original!
Dabei ist es unwichtig, ob man bei diesem Lebenseingriff Gottes auf einen plötzlichen Vorgang mit Tag und Stunde hinweisen kann (20.04.1975 um 11.00 Uhr) oder eher von einer stufenweisen Entwicklung, von einem Prozess berichtet. Es kommt nie darauf an, _wie_ wir zu Jesus gefunden haben, sondern dass wir heute wirklich bei Ihm und in Ihm sind.

Eins aber ist gewiss, dass Bekehrung und Wiedergeburt nicht wie Naturereignisse über uns kommen, ohne dass wir gefragt werden, sondern dass Gott uns alle vor eine echte Entscheidung stellt, wenn er uns mit Christus zusammenbringt, und dass es keinem Menschen erspart bleibt, ein echtes „Ja der Entscheidung" für Christus nüchtern und klar seinem neuen Herrn im Glauben auszusprechen!
Und das alles ist nur der Anfang eines ausgesprochen interessanten und abenteuerlichen Lebens!

Es geht weiter! Bei Gott ist alles auf Steigerung, auf Wachstum angelegt! Gott hat die Fülle für uns, darum greift Paulus auch für Kolossä getrost nach dieser Fülle durch seine Fürbitte: „erfüllt mit Erkenntnis", mit „jeder Weisheit", mit „jeder Einsicht", „alles Wohlgefallen", „jedes gute Werk", „alle Stärke" – so „perfektionistisch" betet Paulus hier für die jungen Christen, und es ist ihm ganz ernst mit diesem Bitten. Er möchte, dass das Leben der Kolosser diesem wunderbaren Herrn entspricht, der sie berufen hat. Er möchte, dass die junge Gemeinde „wächst" und „viel Frucht" bringt. Darum geht und weht so ein mächtiges „Vorwärts! Weiter! Nicht stehenbleiben!" durch diesen ganzen Abschnitt. Die Bitten des Paulus in seiner Gefängniszelle in Rom gleichen einer heißen Schlacht für die Christen in Kolossä. Er weiß, dass Jesus stark genug ist, um das neue und junge Leben der Christen in Kolossä nicht nur zu erhalten, sondern auch zu gestalten und zu entfalten. Gebet setzt die Kräfte der unsichtbaren Welt in Bewegung!

b) <u>Erkenntnis für den Willen Gottes im eigenen Lebenswandel!</u>
Und die erste Bitte betrifft den persönlichen Lebenswandel, wenn hier steht: „Wir beten für euch, dass ihr erfüllt werdet mit der Erkenntnis seines Willens in aller geistlichen Weisheit und Einsicht, dass ihr des Herrn würdig lebt und Ihm In allen Stücken gefallt..." Verse 9-10

Paulus geht hier davon aus, dass unser Leben eine neue Mitte, ein neues Zentrum bekommen hat: Jesus Christus!
Es geht für Christen nicht mehr nach der Weise: „Wie kann ich mein Leben optimal gestalten und voll ausschöpfen? Wie kann ich mich selbst am besten verwirklichen?" Sondern jetzt geht es darum: „Den Plan Gottes für unser Leben zu entdecken!"

Das ist eine ganze neue Sicht –, Denk – und Lebensweise! „Erfüllt werden mit der Erkenntnis *Seines* Willens“ – das heißt: Gott will uns zu Menschen machen, in denen Jesus Christus Gestalt gewinnen soll! „Was willst du, HERR, dass ich tun soll? Wie sieht Dein Wille für mein Leben aus?“ Um an dieser Stelle weiterzukommen, ist der Umgang mit der Bibel und die Offenheit für den Geist Gottes entscheidend. So kommt es zur Entfaltung des neuen Lebens. Durch den Umgang mit der Heiligen Schrift und dem Hören auf den Heiligen Geist, erwachsen uns Einblicke in die Pläne Gottes. Das ist ein langer Lebensprozess, der bis in die Ewigkeit hineinragt.

Der Geist Gottes lenkt von allem Nebensächlichen und Zweitrangigen weg zu dem großen Zentralpunkt, dass ein wirklich neues Leben sich gestaltet, und über dem das Leitmotiv steht: „dass ihr des Herrn würdig lebt, und ihm in allen Stücken gefallt.“ – Es geht dabei um die Entdeckung, dass Jesus im Alltag immer mehr unser Leben gestalten und unser Leben immer mehr unter Seine gute Herrschaft bringen will!

Jesus will uns nicht zu „religiösen“ Menschen machen, sondern zu Menschen, die im Alltag auf Ihn hören. Jesus ist eben kein Religionsstifter, der uns zu „frommen“ Menschen machen will, sondern Er ist der HERR, der im Auftrag Gottes unser wirkliches Leben regieren, gestalten und mit Seinem Leben erfüllen will. Das ist kein hartes Muss. Das ist keine Last. Und das ist auch kein Joch und kein Zwang. Sondern, das führt bei uns zu einer tiefen Freude und Erfüllung unseres Lebens, Ihm zu dienen und unser Leben unter Seine Leitung zu stellen.
Unglücklich werden wir immer nur dann, wenn wir Ihm ein Lebensgebiet entziehen. Ein Leben „würdig des Herrn“ ist das Größte, was es gibt.

Das gibt unserem Leben wirklichen Wert und eine echte, große Linie, die über den Tod hinaus ihre Bedeutung hat. Das, was von unserem Leben und unserer Person bleibt und in der Ewigkeit vor Gott Bedeutung hat, ist das, was Jesus in Sein Bild umformen konnte und was wir unter Seiner Führung lebten.

Es ist und bleibt ein großes Geheimnis, dieser Satz Jesu aus Matth. 16,25: „Denn wer sein Leben erhalten will, der wird's verlieren; wer aber sein Leben verliert um meinetwillen, der wird's finden."

Dadurch entstehen „reiche Früchte von guten Werken!" Kommt der Alltag eines Christen unter die Herrschaft Christi, entstehen „reiche Früchte von guten Werken", die den Vater im Himmel preisen! Wer wie eine Rebe am Weinstock bleibt, der bringt automatisch viel Frucht. Das Geheimnis ist einfach, er bekommt seine Lebenskräfte von Ihm.

c) Wachstum in der Erkenntnis Gottes!
Die erste Bitte des Paulus betrifft den persönlichen Lebenswandel.
Und die zweite Bitte, die er Gott hier für die Kolosser vorträgt, betrifft das „Wachstum in der Erkenntnis Gottes!"

Das *Eine* war: das neue Leben will die Praxis des Alltags formen!
Das *Andere* Ist: das neue Leben will uns auch gedanklich und erkenntnismäßig geistlich wachsen lassen! Die Erkenntnis Gottes und Seiner Pläne sollen in uns wachsen und zunehmen!

- ❖ Es geht dabei um ein stetiges Zunehmen der Erkenntnis in der Bibel.
- ❖ Es geht dabei um ein wachsendes Verstehen und Erkennen der großen geistlichen Zusammenhänge.

❖ Es geht dabei um eine gesunde geistliche und echte Theologie, die uns innerlich stark macht und im Glauben festigt und uns davor bewahrt, auf jede komische neue Lehre hereinzufallen.

Das Leben mit Jesus und der Umgang mit der Heiligen Schrift ist eine Universität ersten Ranges.

Ein Wachstum in biblischer Erkenntnis wird uns vor 2 großen Gefahren und Fallen bewahren.

1) Es wird uns bewahren davor, dass unser Leben mit Jesus auf die rein seelische Ebene abrutscht. Unser Glaube gründet sich nicht auf Gefühle und Empfindungen, sondern ganz allein auf Jesus. Sonst würde es uns heute „hü" gehen und morgen „hott". Es geht um „Pneuma" nicht um „Psyche", um es mal griechisch zu sagen.

2) Und es wird uns bewahren vor Irrlehre oder verkürzter Lehre. Es kann uns keiner mehr ein „X" für ein „U" vormachen, wenn wir einen guten und gewachsenen biblischen Erkenntnisstand haben.

Wir lieben Jesus. Seine Liebe zu uns und unsere Liebe zu Ihm ist immer der grundlegende Faktor des geistlichen Lebens. Aber die Liebe braucht auch einen Kompass, um nicht vom Weg abzukommen und das Ziel unterwegs aus den Augen zu verlieren.

Dieser Kompass ist die Erkenntnisbildung von der Bibel her, die es uns ermöglicht, klare Urteile zu bilden und die Fragen des Lebens den Gedanken Jesu entsprechend zu beurteilen.

d) Der lange Atem ist nötig!

Geistliches Wachstum fördern durch Beten, durch die Fürbitte! Die dritte Bitte, die Paulus hier für die Kolosser an Gott richtet, steht in Vers 11 und hört sich *so* an: „Wir beten, dass ihr gestärkt werdet mit aller Kraft durch seine herrliche Macht zu aller Geduld und Langmut."

Paulus weiß aus eigener Erfahrung, wie stark das neue Leben mit Christus gefährdet ist, wie wir gelähmt werden können und müde zu werden drohen. Hier sind ein paar Beispiele.

- Wir werden angefochten und angegriffen, durch die „Macht der Gewohnheit". Es ging mal feurig los ... und dann mit den Jahren ... „gewöhnt" man sich an so Vieles. Und Christsein wird zu einem Gewohnheitstrott. Unsere Liebe zu Jesus und die Freude über Ihn können mit der Zeit nachlassen.
- Und dann ist da die „Macht der Sünde", und manchmal regt sie sich auch tief in unserem Innern und wir wundern uns, dass da ein unterirdischer Vulkan grummelt, der auszubrechen droht.
- Dann sind da die starken Einflüsse und Eindrücke von außen, von dieser Welt, die auf uns einstürmen.
- Oder die unsichtbare Welt der bösen Mächte, die uns zu Fall bringen und vom Weg der Nachfolge wegbringen wollen.

Jesus ist Sieger über das alles! Aber es ist auch wichtig, sich als Christ ganz nüchtern mit der Tatsache auseinanderzusetzen, dass wir als Christen zeitlebens an 3 geistlichen Fronten kämpfen müssen:

1) Wir kämpfen gegen unsere körperlichen Begierden (das Fleisch)!
2) Wir kämpfen gegen die Welt!
3) Und wir kämpfen gegen die unsichtbare Macht der Finsternis!

Und dazu brauchen wir die „Dynamis Gottes" und den „langen Atem", den „langen Mut", die „Ausdauer" und „Standfestigkeit"!

Geistliches Wachstum fördern durch Beten, durch die Fürbitte!
- ❖ Paulus betet um die „Erkenntnis des Willens Gottes im Alltag"!
- ❖ Paulus betet um die „geistliche Erkenntnis im Wort Gottes!"
- ❖ Paulus betet um „Durchhaltevermögen, Geduld und Standfestigkeit!

Ein letzter Gedanke der Predigt heißt:

3) Jesus ist alles, was wir brauchen! :/ (Verse 12-14)

a) Dank an Gott!

Paulus schließt mit einem Hymnus auf Gott und Jesus: Verse 12-14 lesen. Das Ziel des neuen Lebens ist die Ehre Gottes! Alles, was Jesus in seiner Gemeinde tut, hat als letztes Ziel, dass Gott gepriesen und geehrt wird. Nirgends drückt sich das schöner aus, als wenn die Herzen seiner Kinder von tiefem Dank gegen Gott erfüllt sind, der sie in diesen neuen Lebensstand gebracht hat. „Seht, welch eine Liebe hat uns der Vater erwiesen, dass wir Gottes Kinder heißen sollen – und wir sind es auch!" 1. Joh. 3,1 – Diese große Veränderung des Lebens erfüllt uns mit tiefem Dank gegen Gott. Und diese Dankbarkeit entfaltet dieses neue Leben dann auch immer weiter!

Es ist eine tiefe und völlige Veränderung der Lebenssituation, wenn Gott einen Menschen mit Jesus zusammenbringt. Wer bei Jesus ist, ist aus dem Herrschaftsbereich der finsteren Mächte herausgenommen und in den neuen Herrschaftsbereich des Lichtes gestellt worden, in dem allein Jesus und seine Macht regiert.

Was sind wir doch für geborgene Leute! Nichts und niemand wird uns aus seiner Hand reißen. Er ist stärker als alles. Er ist der Sieger von Golgatha. Wir sind versetzt worden: Heraus aus der Finsternis, hinein ins Licht Gottes! 2. Kor. 4,6. Wo Jesus herrscht, darf keine andere Kraft in unser Leben eindringen. Er wacht über allen seinen Kindern, die zu seinem Herrschaftsbereich gehören.

b) <u>In Ihm ist alles, was wir brauchen!</u>

„In Ihm haben wir die Erlösung, nämlich die Vergebung der Sünden!" Unser Heil liegt nur in Ihm, nicht in uns. „In Ihm" ist das ganze Evangelium. „In Jesus" haben wir alles gegenwärtig, was Gott uns zugedacht hat. „In Ihm" haben wir ein Zuhause. „In Ihm" haben wir den Himmel. „In Ihm" haben wir die von Gott gegebene Quelle des neuen Lebens. „In Ihm" „haben" wir. Wir „haben" wirklich, Gegenwartsform, Dauerform, bleibende Gegenwart, Heilsgewissheit. Wir sind keine suchenden und tastenden Menschen mehr, wir sind „in Ihm" angekommen. „In Ihm" sind wir auch getrennt worden von unserer belasteten Vergangenheit. Die Schuld ist weg, vergeben, ein – für allemal. „Wo Vergebung der Sünden ist, da ist Leben und Seligkeit." M. Luther. Aufatmen, durchatmen, jubeln, tiefe Freude und heilige Anbetung. Ich könnte mich hin – und wegschwärmen über Jesus.

Jesus ist alles, was wir brauchen!   Amen!

---

4.   Kolosser 1,15-20 – Wer ist Jesus

a) <u>Einstieg:</u>

Jesus war mal ganz „klein"! An Weihnachten, als Er einer von uns wurde! Ich möchte euch heute Morgen einen andern Jesus vorstellen, einen großen Jesus!

Ich lade euch ein zum Staunen über einen Jesus, den Paulus in der Ursprache des NTs – im Griechischen – einen Kosmokrator und einen Pantokrator nennt, einen Weltherrscher und einen Allherrscher!

Es ist mein Wunsch und mein Gebet, dass Jesus euch jetzt in der Predigt ganz groß wird, und dass es mir gelingt, Ihn vor eure Herzensaugen zu malen! Mögt ihr aus dem Staunen und aus der Begeisterung über Ihn nicht mehr rauskommen! – Und vielleicht hilft dann eine neue Sicht über Jesus, den Alltag besser zu bewältigen.

b) <u>Thema und Textlesung:</u>

„Wer ist Jesus?"   -   heißt darum das Thema dieser Predigt!

Und der Text dazu steht in Kolosser 1,15-20 …
Es hat mich schon lange gereizt, mal über diesen besonderen Text eine Predigt zu halten.

c) <u>Hintergrund / Sitz im Leben</u>

Paulus schreibt einen Brief. Und dabei dachte er beim Diktieren nicht daran, ein Stück „zeitlose Bibel" zu schreiben. Er dachte nicht daran, dass 2000 Jahre später Menschen in Deutschland, Amerika, Asien, Afrika oder Australien diese Worte lesen sollten.

Die Kolosser hatte er dabei vor Augen und im Herzen. Mit allem, was er von ihnen, gerade auch von ihren Fragen und Schwierigkeiten gehört hatte, war er innerlich beschäftigt. Ihnen wollte er Antwort geben, ihnen über Gefährdungen ihres Glaubenslebens hinweghelfen. Darauf geht er in seinem Brief ein.

Die Kolosser lebten in ihrer Zeit und Umwelt. Damals in der ausgehenden Antike gab es – wie heute bei uns – eine Fülle von „Weltanschauungen." Bestimmte Begriffe und Vorstellungen, Kernworte und oft auch Schlagworte faszinierten die Menschen. Und von dem allen waren die Christen in Kolossä nicht unberührt geblieben. Die sogenannte „Gnosis" = „Erkenntnis" war damals weit verbreitet; eine „Geistesströmung", die die Menschen einlud, mit einer höheren, geistigen Welt in Verbindung zu treten. Zu diesem Zweck musste der Körper hart behandelt werden, damit der Geist möglichst von der Materie gelöst und fähig werde, die himmlischen Offenbarungen zu empfangen. Im Grunde war das so eine Art „Selbsterlösung", so eine Art „Esoterik", so eine Art „Buddhismus", so eine Art „Christliche Wissenschaft".

Der Mensch erzieht sich zu einer spirituellen Lebensweise! Und diese Gedanken waren auch in die Gemeinde geschwappt. Es gab noch andere merkwürdige Fehlentwicklungen, was Lehrfragen angeht, aber das soll hier mal genügen. – Paulus reagiert darauf mit dem Kolosserbrief!

Und er sagt: Jesus genügt völlig! :/ Alles, was wir Christen brauchen, ist Jesus! Und dann entfaltet Paulus mit unserem Text heute eine grandiose „Jesus-Schau", die einem den Atem verschlägt.

„Wer ist Jesus?"   - Wer denn? – Was hat Paulus entdeckt?   5 Dinge!

1) <u>Jesus ist der Weltschöpfer! :/ (Verse 15-16)</u>

a) <u>Er ist das Ebenbild des unsichtbaren Gottes! (Vers 15)</u>
Vers 15 lesen: „Er ist das Ebenbild des unsichtbaren Gottes ..."
Der Zimmermann aus Nazareth, der wandernde Rabbi, der Freund der
Armen und Verkommenen, der Seelsorger der Sünder, der das Opfer
seiner Gegner wurde und am Kreuz schmählich sein Leben aushauchte; Er
ist die Vergegenwärtigung des unsichtbaren Gottes selbst. Wo Jesus
Christus ist, da wird durch ihn der unsichtbare, ewige Gott gegenwärtig.

Aber wie kann das sein? Das ist doch gerade die religiöse Not vieler
Menschen. Sie haben nichts in der Hand. Darum gibt es in allen Religionen
der Welt die unzähligen „Bilder" von Gott, die gemalten und die
geschnitzten und gegossenen und die aus Marmor gehauenen, die aus
Gedanken und Begriffen zurechtgemachten, die rohen und die edlen. *Aber
alle diese Bilder haben die religiöse Sehnsucht der Menschen nicht stillen
können!*

„Zeige uns den Vater, und es genügt uns!" Diese Bitte des Philippus aus
Joh. 14,8 – diesen Schrei des Menschenherzens – hat dann Gott selbst
beantwortet. Er hat diese Sehnsucht, dieses Suchen, diese Bitten und
Flehen nicht unerhört gelassen. Er hat ein Bild, das Ihm vollkommen
entspricht, den „Sohn Seiner Liebe". Und dieses Bild hat Er uns in
Menschengestalt geschenkt in Jesus. „Wer mich sieht, der sieht den Vater;
wie sprichst du denn: Zeige uns den Vater?" Joh. 14,9 – So groß ist
Jesus! Jesus ist in Seiner Person, ein Bild, ein Abbild, ein Ebenbild, eine
Vergegenwärtigung des unsichtbaren Gottes! Der ganze Gott war und ist
in Ihm!

„Denn es hat Gott wohlgefallen, dass in ihm alle Fülle wohne sollte", Vers 19. „Die ganze Fülle der Gottheit wohnt(e) in ihm" (Kol. 2,9).

- ❖ Der unermessliche Gott wohnt nun in Christus! Und mit „wohnen" bezeichnet schon das AT die gnädige Gegenwart Gottes.
- ❖ Und das Wort „Fülle" meint die volle Summe, meint den Überfluss, meint, dass ein Raum völlig ausgefüllt ist und überfließt von etwas.
- ❖ In Jesus ist Gott selbst und das ganze Leben Gottes gegenwärtig!
- ❖ Der, in dem die Fülle der Gottheit wohnt, ist kein anderer als der Jesus Christus, an den die Gemeinde glaubt. Und darum schreibt Paulus: „Ihr habt Christus und in Ihm die ganze Gottesfülle. Ihr braucht niemand anderen und nichts außer ihm."
- ❖ Oder mit den Worten aus Kol. 2,9-10 ausgedrückt: „Denn in ihm wohnt die ganze Fülle der Gottheit leibhaftig und an dieser Fülle habt ihr teil in ihm, der das Haupt aller Mächte und Gewalten ist."

b) <u>Schöpfer Himmels und der Erden ...!</u>

Keiner ist wie Jesus! Keiner kann Ihm das Wasser reichen! Jesus ist der Weltschöpfer!

„Denn in ihm ist alles geschaffen, was im Himmel und auf Erden ist, das Sichtbare und das Unsichtbare, es seien Throne oder Herrschaften oder Mächte oder Gewalten, es ist alles *durch ihn* und *zu ihm* geschaffen."

Vers 16

Mit diesen Aussagen über Jesus werden wir an die Grenze unseres Denkens und Vorstellungsvermögens geführt.

- ❖ Mit seinen starken Händen hat Jesus die sichtbare und die unsichtbare Schöpfung ins Leben und aus der Wiege gehoben.

❖ Der Himmel und die Erde und der ganze Kosmos verdanken Ihm die Existenz!

❖ Mit seinen starken Händen hat Er – der Christus Gottes – den Mikro-Kosmos und den Makro-Kosmos geschaffen und kreiert!

❖ Für Jesus ziehen die Sterne ihre Bahn. Für Jesus leuchtet der Mond des Nachts und die Sonne scheint für Ihn am Tag. Und auch die kleine Blume im Wald, die niemand sieht und beachtet – *durch* Jesus und *für* Jesus blüht sie!

❖ Das Rotkehlchen und die Amsel haben ihre Stimmen von Jesus erhalten und zwitschern für Ihn ihre Lieder!

So groß ist Jesus! Wird durch diese Sicht und diese Erkenntnis diese uns oft so unheimlich vorkommende Welt zugleich nicht viel vertrauter und heimischer für uns? Weil wir wissen dürfen, dass wir uns im schöpfungsmäßigen Eigentum unseres Herrn Jesus Christus aufhalten und bewegen?!

Und hat nicht jener Matrose von der Gorch Fock recht, als er sagte: „Das Meer, in das mein Leib vielleicht eines Tages versinkt, ist auch nur die hohle Hand meines Heilandes, aus der mich nichts reißen kann?!"

Wer ist Jesus? Er ist der Schöpfer Himmels und der Erden, Er ist der Schöpfer der sichtbaren und der unsichtbaren Welt!

Wer ist Jesus?

Zweitens:

2) Jesus ist der Weltherrscher! :/ (Vers 16)

a) Jesus beherrscht die unsichtbare Welt!

Jesus schuf auch das „Unsichtbare" und belebte auch „die Himmel" mit den unzähligen Geschöpfen für die wir den Namen „Engel" brauchen.

Paulus spricht hier von Thronen, Herrschaften, Mächten und Gewalten. Was für eine Welt von Leben, Kraft und Licht beschreibt er da! Noch ist sie unseren Augen verborgen. Aber es scheint da auch so etwas wie eine „Hierarchie" zu geben in der unsichtbaren Geisterwelt: Throne, Herrschaften, Mächte, Gewalten.

Wie gewaltig diese unsichtbare Welt immer sein mag, auch sie ist *durch Jesus* und *zu Jesus hin* geschaffen! Auch zwischen dem herrlichsten und mächtigsten Engel und Jesus liegt die ganze Kluft, die das Geschöpf vom Schöpfer trennt. Vor dem die Seraphim – die Engelfürsten – anbetend niederknien, um den die Engel dienen, das ist Jesus! So groß ist Jesus!

Ein Freund von mir – er hat mit mir das BFHG (Begegnungs-Forum-Heiliger-Geist) gegründet – hat von Gott die Gabe geschenkt bekommen, ab und zu einen Blick in die unsichtbare Welt tun zu können. Er kann Engel wahrnehmen und sehen: 10 Meter große Engel, Engel in Menschengröße, Engel mit unterschiedlichem Aussehen! Engel die auftauchen bei einem kräftigen Lobpreis, Engel, die man herbei singen kann. Die unsichtbare Welt ist sehr real! Aber es gibt kein „Jesus und die Engel". Es gilt auch im Blick auf die unsichtbare Welt mit all ihren Geheimnissen: „Drum auch, Jesu, Du alleine sollst mein ein und alles sein."

Jesus Christus ist der Erste in der ganzen Schöpfung, im gesamten Kosmos, in der sichtbaren und auch in der unsichtbaren Welt. Er ist der Mittelpunkt der Welt, der Brennpunkt der Pläne Gottes, der Eine, durch den Gott handelt!

b) <u>Keine Angst vor bösen Mächten!</u>
Und darum ist auch die Furcht der Christen in Kolossä – und vielleicht auch in Fulda – vor den unsichtbaren dämonischen Geistesmächten, zu denen vielleicht auch die hier genannten Throne, Herrschaften, Mächte und Gewalten gehören, unbegründet.

Wenn Jesus der ist, wie ihn Paulus in unserem Text beschreibt, wenn Jesus der ist, durch den die ganze Welt ihr Leben und ihre Existenz hat, dann ist alles in der Welt Ihm untertan und von Ihm abhängig! Dann sind wir in Seiner Hand immer und überall vor allen unheimlichen Mächten und Kräften geborgen. Dann gibt es keine menschlichen und übermenschlichen Kräfte, die stärker sind als Er.

Sie sind alle von Ihm abhängig. Sind wir bei Ihm und in Ihm, so sind wir in jeder Beziehung völlig geborgen!

Wer ist Jesus?   Er ist der Weltschöpfer und Weltherrscher!
- ❖ Darum rührt Er die Kranken an und stellt sie wieder her!
- ❖ Darum vermehrt Er das Brot und verwandelt das Wasser!
- ❖ Darum vergibt Er die Schuld und stillt den Sturm!
- ❖ Darum löst Er die Bindungen und befreit die Gebundenen!

Wer ist Jesus?   Drittens:

3)　Jesus ist der Welterhalter!:/ (Vers 17)

a) Vers 17 – Und er ist vor allem, und es besteht alles in ihm!

„Und er ist *vor allem*, und es *besteht* alles in ihm", steht hier in Vers 17. Jesus war schon immer da, bevor irgendetwas geschaffen wurde durch Ihn. „Im Anfang war das Wort – Jesus – und das Wort war bei Gott, und Gott war das Wort. Dasselbe war im Anfang bei Gott. Alle Dinge sind durch dasselbe gemacht und ohne dasselbe ist nichts gemacht, was gemacht ist" (Joh. 1,1-3) … „Und das Wort ward Fleisch, Körper, Leib und wohnte unter uns, und wir sahen seine Herrlichkeit, eine Herrlichkeit als des eingeborenen Sohnes vom Vater, voller Gnade und Wahrheit." (Joh. 1,14) – Jesus ist „vor allem!"

Und Jesus hält alles zusammen! „Es *besteht* alles in Ihm!"

❖ Das bedeutet: Dieses ganze Weltall mit seinen unvorstellbaren, ungeheuren Sternenwelten „besteht" nur, weil Jesus es noch zu Seinen Plänen und Zielen braucht! Wenn Er es nicht mehr braucht, wird Er es ablegen wie ein veraltetes Gewand (Psalm 102,26-27). Jesus, der Allherrscher, Jesus, der Pantokrator, hält das ganze All zusammen!

❖ Das bedeutet: Während wir hier sitzen und der Predigt zuhören, hält Jesus die Stühle fest. Ganz aktiv hält er die Gesetze der Schwerkraft in Seiner Hand und am Laufen. Das Wort „bestehen" beinhaltet den Gedanken des Zusammenstimmens, der Harmonie, des bruchlosen Zueinandergehörens.

❖ Das bedeutet: Der Christus ist die Kraft, die alles trägt, eint und zusammenfasst. Ohne Ihn zerfiele alles im Chaos. Der Schöpfer des Kosmos ist auch der Erhalter des Kosmos.

❖ Gegen allen Augenschein, gegen alles Chaos in dieser Welt bekennen und bezeugen wir: Alles ist durchwaltet vom Christus Gottes. Alles „besteht" aktiv in Ihm!

b) <u>Was uns hält / A. Kühner / H. w. d. B. / 31. Januar</u>

Und Er lässt auch Seine Gemeinde nicht los! Keinen Augenblick! Keine Sekunde! Der, der das All regiert, lässt auch dich nicht aus den Augen! Der gute Hirte „hält" sich nicht nur Schafe, Er „hält" auch Seine Schafe!

Der Mensch braucht „Halt/halt", was „hält"! Und Jesus als guter Hirte ist der „bewahrende" Rückhalt für Seine Schafe, für Seine Gemeinde! Er ist der „Halter" Seiner Schafe, und Seine Schafe „halten" sich darum an Ihn!

Wir brauchen nicht irgendeinen Halt, wir brauchen den, der alle Macht hat im Himmel und auf Erden, wir brauchen den Kosmokrator und den Pantokrator, den Weltherrscher und den Allherrscher. Wir brauchen einen Lebens- und Liebeszusammenhang, in dem wir „festgehalten" werden. Und die „Gute Nachricht" heißt: Wir haben Ihn! Er ist auf unserer Seite! Seine Liebe und Fürsorge hält uns fest. Seine große Kraft birgt und schützt uns und gibt uns Rückhalt in allen Gefahren und Bedrohungen des Lebens! Und damit bin ich beim 4. Gedanken:

Wer ist Jesus?

1. Jesus ist der Weltschöpfer!
2. Jesus ist der Weltherrscher!
3. Jesus ist der Welterhalter!

Und viertens:

4) <u>Jesus ist der Welterlöser! :/ (Verse 19-20)</u>

a) <u>Versöhnung</u>

Verse 19-20 lesen ... „Denn es hat Gott wohlgefallen ...

Das ist schon sehr bemerkenswert, finde ich, dass der, „der die Himmel durchschritten hat", dass der, „der die Höchste Macht im All hat", dass der, „der vor aller Ewigkeit beim Vater im Himmel das höchste Glück, das es gibt, hatte", dass der, „in dem die ganze Fülle der Gottheit war", der randvoll bis zum Überfließen von Gott voll war, weil Er selbst Gott ist, dass „der freiwillig ins Elend hinab steigt und ein vergänglicher Mensch wird", sich „als Gott von Menschen ans Kreuz nageln lässt", wie ein Lamm, das zur Schlachtbank geführt wird, geduldig und ohne Widerspruch, dass „der sich dadurch mit Seinem ganzen Leiden, Seinem Sterben am Kreuz zu uns bekennt"! Das ist nicht zu fassen! Das ist unerklärlich! Das ist höchst bemerkenswert!

Jesus *versöhnte* damit die sichtbare und unsichtbare Welt, den Mikro- und den Makrokosmos mit Gott, mit Seinem Vater im Himmel! Seine Herrschaft ergeht über alles und alle. Es gibt keine von Jesus unbesetzten Räume mehr!

❖ Versöhnung heißt: Etwas durch und durch anders machen!

❖ Versöhnung heißt: Etwas völlig austauschen! Am Kreuz „tauscht" Christus mit uns: Er gibt uns Vergebung und nimmt uns die Schuld!

❖ Versöhnung heißt: Etwas komplett wiederherstellen! Die zerbrochene Beziehung zwischen Mensch und Gott!

45

- ❖ Versöhnung heißt: Der Krieg zwischen Mensch und Gott ist zu Ende! Es ist Frieden eingekehrt!
- ❖ Versöhnung heißt: Die Götterdämmerung hat aufgehört! Wir brauchen keine Götzen mehr. Am Kreuz beendet Gott jede Art von Religion, jede Art von Selbsterlösung! Aus „Tun" wird „Getan!" Versöhnung ist ganz Sein Geschenk!

Brauchen *wir* denn überhaupt Versöhnung mit Gott? Sind wir nicht eigentlich ganz okay? So schlimm sind wir doch eigentlich nicht, oder? Wir müssen einfach mal ein wenig die Augen aufmachen und uns in dieser Welt umgucken. „Jenseits von Eden", das ist – geistlich gesehen – unsere Lage. Abgewandt von Gott lebt die Menschheit seit dem Sündenfall. Das Paradies ist weg! Die Lage von uns allen vor Gott ist so hoffnungslos, dass es vom Menschen aus überhaupt keinen Weg zur Erlösung und Versöhnung mit Gott geben kann! Unsere Schuld ist zu groß, als dass wir vor Gott noch irgendein Recht hätten.

Da hinein kommt die Botschaft, die niemand „begreifen" kann, die sich darum auch niemals „beweisen" oder „logisch" für unseren Verstand darstellen lässt, die aber wieder und wieder persönlich „erfahren" wird, wenn man sich im Glauben dafür öffnet!

Versöhnung ist ganz Sein Geschenk!
- ❖ Die Strafe liegt auf Ihm, auf dass wir Frieden hätten!
- ❖ Das Lösegeld hat Jesus für uns am Kreuz bezahlt!
- ❖ Im Gekreuzigten geschieht die Totalerlösung der Welt!
- ❖ Jesus ist der Welterlöser!

b) Haupt der Gemeinde!

Menschen, die sich diese Erlösung und Versöhnung gefallen lassen, werden automatisch in eine ganze interessante und geheimnisvolle Spezies integriert: in die Gemeinde Jesu Christi!

Davon spricht hier Paulus in Vers 18, wenn er schreibt: „Und Er - gemeint ist Jesus – ist das Haupt des Leibes – gemeint ist die Gemeinde!"

Jeder Weltherrscher sucht sich die Elite aus, die Besten, die Brauchbarsten, die Begabtesten und die Stärksten, um mit ihnen wirklich etwas leisten zu können. Jesus tut genau das Gegenteil! Er sucht sich die, die wenig gelten, die Schwachen, die Begrenzten, die Geringen.
Die gesamte Menschheit ist eine außerordentlich kümmerliche, brüchige Gesellschaft. Aber normalerweise sucht man sich wenigstens noch die verhältnismäßig Besten und Stärksten aus. Das tut auch jeder wirtschaftliche Betrieb, der vorwärts kommen will. Das tut jeder Staat. Das tun im Grunde wir alle.

Es ist erstaunlich, dass Jesus es wagt, von diesem Grundsatz abzuweichen und ganz bewusst die Schwachen, die Armen, die Krüppel zu Seiner Gemeinde hinzuzutun! Er trägt sie nicht nur mit Geduld, sondern sucht sie auch mit Seiner großen Liebe! – Warum tut Er das? Aus zwei Gründen:

1. Weil solche Menschen genau wissen, wie sehr sie Jesus brauchen und Ihm darum viel mehr Raum geben in ihrem Leben!
2. Weil durch Gefäße, die Risse haben, viel mehr das Licht Gottes durchleuchten kann!

Der Theologie-Professor Adolf Schlatter aus Tübingen hat die Gemeinde mit einem „Krüppelheim" verglichen!

Eigentlich gleicht die gesamte Menschheit einem Krüppelheim, aber diejenigen, die ihre Lage richtig vor Gott einschätzen, die finden dann Jesus schneller!

- Jesus hat mal gebetet: „Ich preise dich, Vater und Herr des Himmels und der Erde, dass du solches den Weisen und Klugen verborgen hast und hast es den Unmündigen offenbart." Mt. 11,25
- Und Paulus hat mal geschrieben: „Nicht viele Weise nach dem Fleisch, nicht viel Gewaltige, nicht viel Edle sind berufen, sondern was töricht ist vor der Welt, das hat Gott erwählt…. Damit sich kein Mensch vor Gott rühme." 1. Kor. 1,26ff.

Jesus ist der Welterlöser! Und wer sich erlösen lässt, wird der Gemeinde hinzugetan, von der Jesus das „Haupt", der Kopf ist!

- ❖ Ohne Kopf kein Körper!
- ❖ Vom Kopf wird alles gesteuert!
- ❖ Vom Kopf kommen die Impulse und die Signale!
- ❖ Gemeinde funktioniert durch das Wahrnehmen dieser Impulse!

Noch ein letzter Gedanke. Wer ist Jesus?

1. Jesus ist der Weltschöpfer!
2. Jesus ist der Weltherrscher!
3. Jesus ist der Welterhalter!
4. Jesus ist der Welterlöser!   Fünftens und letztens:

5)   Jesus ist der Weltvollender! :/ (Vers 16 b)

a) Zu Ihm hin ... Vers 16 b

Wir haben ein Ziel! Die ganzen Gedanken, die Gott mit der Schöpfung hat, nehmen bei Christus ihren Ausgang und führen zu Ihm hin. Ihr Endpunkt ist die „Weltvollendung", die ewige Gemeinschaft der Erlösten mit ihrem Herrn. In Christus liegt das Ziel, die Erfüllung, die Vollendung alles Geschaffenen. Dorthin wird Gott alles bringen.

Er hat dem Sohn alles übergeben, und der lässt die Zukunft und die ganze Geschichte der Menschheit auf sich zurollen wie ein Magnet. Alles läuft auf Jesus zu! „Es ist alles durch ihn und *zu ihm* geschaffen." Vers 16 b

Das sind ja schöne Aussichten! Ja, wirklich! In der Tat!

Wer ist Jesus?
1.   Jesus ist der Weltschöpfer!
2.   Jesus ist der Weltherrscher!
3.   Jesus ist der Welterhalter!
4.   Jesus ist der Welterlöser!
5.   Jesus ist (schließlich) der Weltvollender!

b) Wer spielt die erste Geige? / H. w. d. B. / A. Kühner / 25. Januar

Wer ist Jesus? Die Nummer 1! Der Erste und der Letzte! Das Alpha und das Omega! Ich schließe mit Gedanken von Axel Kühner.

Wenn das Leben ein Orchester ist, spielen verschiedene Instrumente zu einer guten Musik zusammen. Die kleine Flöte bringt die hellen Töne hervor. Der große Bass ertönt stark und tief. Die Harfe singt, die Trompeten und Posaunen erschallen dazu.

Die Klarinetten mischen sich ein. Die Trommeln wirbeln dazu. Die Triangel klingt mit ihren zarten Tönen, und die Pauke ist wichtig und laut. Instrumente werden geblasen, gestrichen, gezupft und geschlagen, und alles klingt passend zusammen.

Viele Gaben, Kräfte, Stimmen und Wirkungen kommen in einem Leben zusammen, wie in einem Orchester. Die kleinsten sind wichtig, und die Größten sind nicht das Ganze. Alles klingt und spielt zusammen.

Unter allen Instrumenten gibt es im Orchester *ein* besonderes: die erste Geige. Sie ist wichtig, besonders und herausgestellt. Sie gibt den Ton an, sie führt und trägt die Melodie. Wer spielt im Leben die erste Geige?

In manchen Menschenleben spielt Jesus sozusagen die erste Geige! Er hat einen besonderen Platz, große Geltung und den ersten Rang. Er gibt den Ton an, nach ihm sollen sich alle anderen Kräfte richten. Er ist der große Star im Leben. Aber am Dirigentenpult steht der Mensch. Er gibt die Einsätze, die Tempi und die Pausen.

Wer ist Jesus? Jesus möchte in meinem Leben nicht die „erste Geige" spielen, einen besonderen Platz unter meiner Regie einnehmen. Nein, Jesus möchte mit seiner Übersicht und Kraft der Dirigent meines Lebens sein. So wird die Musik des Lebens lebendig und gut. Und ich selbst bin dabei erlöst von dem Druck, alles leiten und führen und richtig machen zu müssen. Wenn Jesus der Dirigent ist, muss ich auch nicht immer die erste Geige spielen, selbst als kleine Pikkoloflöte bin ich noch wichtig und ganz dabei. Wer ist Jesus … für dich?   Amen!

---

5. Kolosser 1,21-23 – Aus Feinden werden Freunde!

a) <u>Einstieg – Thema – Textlesung:</u>

„Aus Feinden werden Freunde!" habe ich das Thema meiner Predigt genannt. „Aus Feinden werden Freunde!"

Und der Text dazu steht in Kolosser 1,21-23 …

b) <u>Der Anmarschweg und Kontext …</u>

Der Kolosserbrief hat es in sich, weil er uns in einzigartiger Weise die Größe Jesu vor Augen malt. Ich habe ja darüber mal vor einiger Zeit eine Predigtreihe gehalten und festgestellt, dass ich den Text von heute gar nicht berücksichtigt habe. Und da das mein nächstes Buchprojekt werden soll, predige ich heute über Kolosser 1,21-23, um diese Lücke zu schließen.

Das Gesamtthema des Kolosser-Briefes lässt sich gut mit einem Vers aus dem Joh.-Evang. beschreiben; Joh. 1,14: „Wir sahen seine Herrlichkeit, eine Herrlichkeit als des eingeborenen Sohnes vom Vater, voller Gnade und Wahrheit." In Jesus liegen verborgen alle Schätze der Weisheit und der Erkenntnis. Denn in ihm wohnt die ganze Fülle der Gottheit leibhaftig. (Kolosser 2,3 und 2,9)

Und gerade das 1. Kapitel beantwortet phänomenal die Frage: Wer ist Jesus?! Antwort: Das Ebenbild des unsichtbaren Gottes, der Erstgeborene vor der Schöpfung, der Weltschöpfer, der Welterhalter, der Welterlöser und Weltvollender, usw. usf. Paulus kommt aus dem Schwärmen nicht mehr heraus. Kapitel 1 … lest mal selber nach…

Die gewaltige Schau von Christus und seiner Stellung im Kosmos und in der Gemeinde könnte uns in ihren großen Objektivität wie eine ferne, unerreichbare, majestätische Größe anmuten, mit der wir kleinen Menschen nie in Beziehung treten können. Und doch will uns Gott so persönlich, so lebendig und wirklich mit Christus verbinden, dass wir einen Zusammenhang und eine Beziehung mit ihm bekommen wie die Glieder des Leibes mit ihrem Haupt.

c) <u>Thema und Aufbau:</u>
„Aus Feinden werden Freunde!" - Und dazu sind mir drei Aussagen dieses Textes ins Auge gefallen:

1) Unsere Ausgangslage!
2) Wie Versöhnte leben!
3) Im Glauben festbleiben!

„Aus Feinden werden Freunde!" Die erste Aussage:

1) <u>Unsere Ausgangslage!</u>

a) <u>Gott möchte uns ganz bei sich haben!</u>
„Und euch" oder „auch euch", so geht es hier los in Vers 21. Jetzt wird das alles „hautnah", das mit Jesus. Das ist die entscheidende Spitze aller Verkündigung von Christus und das, was Er alles getan hat.
Sein Heilswerk zielt auf persönliche Annahme.
Gott möchte uns ganz bei sich haben! „Denn wäre Christus tausendmal geboren und wäre er nicht in uns geboren, wäre uns das nichts nütze."

Das sollen nicht nur die Kolosser hören, sondern die ganze weite Welt: „Auch euch, die ihr einst fremd und feindlich gesinnt wart in bösen Werken ..." (Vers 21)

b) Gott ist uns fremd!

Jeder ist mit eingeschlossen in das, was Gott sich vor langer Zeit mit und durch Jesus ausgedacht hat. „Und euch, die ihr einst so ferne und fremd wart und gar keine Beziehung zu ihm hattet, euch hat er mit eingeschlossen in seine Tat."

Wie fremd wir Gott auch geworden waren, es ist jeder in die Tat Jesu am Kreuz eingeschlossen. Keiner steht daneben. Keiner muss ferne bleiben. Jesus und sein Friede gehört uns allen. Nur der ist ausgeschlossen, der sich selbst ausschließt und mit Jesus Christus nichts zu tun haben will.

„Die ihr einst fremd und feindlich gesinnt wart"; damit meint Paulus das ganze geistliche Desaster (Unglück, Zusammenbruch, katastrophaler Misserfolg), das durch den „Sündenfall" die Menschheit befallen hat, "ein schlimmes, entsetzliches Desaster", die Vertreibung aus dem Paradies und die Sklaverei der Sünde, unter der die Menschen da waren. Wir haben den „Garten Eden" verloren. Gott ist uns fremd geworden! „Fremd", eigentlich „entfremdet", wörtlich: „ganz in einem anderen Land sein." Der Mensch ist getrennt von Gott!

c) Wie sich die Feindschaft gegen Gott äußert!

Dieses „Entfremdet-Sein" ist aber kein neutraler Zustand, sondern geht über in „Feindschaft" gegen Gott. „Die ihr feindlich gesinnt wart", sagt Paulus hier. „Feind Gottes" kann man auch mit „Hasser Gottes" übersetzt werden. Der Mensch ohne Gott lehnt Gott und sein Wort ab.

Es ist ihm „verhasst." Der Satan hat den „Samen des Misstrauens" in das Herz des natürlichen Menschen ausgesät. Und dieser Same geht als Gotteshass auf und wird in seinem Innersten zur bösen Gesinnung.

Die „bösen Werke", von denen Paulus hier spricht, sind dann auch nicht mehr weit. Das griechische Wort meint in seinem Grundsinn „vergeblich abmühen, Mangel haben. Welch eine inhaltliche, entlarvende Bestimmung des „Bösen", das doch so schrecklich scheint: Es ist zutiefst vergebliches Abmühen", quälender Mangel, vergänglich und vergeblich. Das ist der Fluch der „bösen Werke", sie wirken nichts Bleibendes, sondern vergehen und ziehen in den Abgrund.

Die „bösen Werke" hat Paulus hier nicht im Einzelnen beschrieben, die sind ja fast unüberschaubar, weil es so viele sind. Aber sie sind so reichlich vorhanden, wie die roten Pusteln und Flecken bei einer Masererkrankung. Alles Göttliche war uns unverständlich, ein Knäuel unentwirrbarer Fragen. Es war uns auch gleichgültig; ja, es reizte und ärgerte uns. Wir wurden merkwürdig aufgeregt und spöttisch, wenn jemand uns auf Gott ansprach. Was uns von Gott gesagt wurde, erschien uns als eine empörende Zumutung, als eine Einmischung in unser Leben, die wir nur energisch zurückweisen konnten. Gleichgültigkeit eines völlig gegen Gott verschlossenen Lebens oder Feindschaft und Auflehnung, wenn Gott uns zu nahe kommt – das war das „einst" und das „fremd" bei den Kolossern wie bei allen Menschen, die Gott noch nicht persönlich kennengelernt haben.

Das schonungslose Aufdecken des geistlichen Zustandes eines Menschen ohne Gott durch Paulus gleicht dem scharfen Blick eines Chirurgen, der die richtige Diagnose stellt, bevor er den Krankheitsherd operativ entfernt.

Wie gut, dass ihr bis hierher zugehört habt und nicht rausgegangen seid, jetzt kommt nämlich das Evangelium.

„Aus Feinden werden Freunde!" ist unser Thema heute.
Die erste Aussage: Unsere Ausgangslage!
Die zweite Aussage:

2)   Wie Versöhnte leben!

a) Versöhnung!
„Auch euch, die ihr einst fremd und feindlich gesinnt wart in bösen Werken, hat er nun versöhnt durch den Tod seines sterblichen Leibes, damit er euch heilig und untadelig und makellos vor sein Angesicht stelle …" (Vers 22)
Gott hat gehandelt. Gott hat eingegriffen. In die Geschichte der Menschheit, in die Weltgeschichte.
In eine persönliche Beziehung zu Gott, in die Wirklichkeit des Friedens mit Gott kommen wir allein durch die geschichtliche Tat des Christus, ohne irgendeinen Beitrag von unserer Seite. Von „einst" zu „jetzt", von „einst" zu „nun aber" kommen wir nur durch Jesus" „Nun aber hat Er uns versöhnt durch den Tod seines sterblichen Leibes."
Durch das, was in seinem Tod geschah, sind wir für immer und ewig versöhnt mit Gott, wenn wir dem Einen unser Leben hingeben, der für uns gestorben und auferstanden ist: Jesus Christus!

b) <u>Eine neue Sicht und ein neuer Lebensstil!</u>

Durch seine Tat am Kreuz hat Christus uns heilig, unbefleckt und unverklagbar vor Gott hingestellt. Auch nicht ein Flecken, auch nicht eine Sünde, auch nicht eine Schuld ist zurückgeblieben. Er hat alles gelöscht und getilgt und annulliert. In Menschenaugen fehlt uns sehr viel, sind wir unheilig, befleckt und tausendfach verklagbar. In Gottes Augen sind die, die Jesus Christus angehören und in Ihm sind, heilig, unbefleckt und unverklagbar. Gott sieht keine Fehler und keine Schuld mehr an ihnen. Wenn Gott uns Christen anschaut, hat Er eine Brille auf, eine Christusbrille. Er sieht uns an durch Christus. Verstehen wir das?

Oder gucken wir uns immer noch selber an durch unsere Brille? Und was sehen wir da? So viel Unheiliges, soviel Versagen, soviel Flecken. Und je länger wir mit Jesus unterwegs sind, desto mehr kann uns so eine Aussage (V.22) irre und kirre machen und in die Verzweiflung stürzen. Denn wir sehen immer klarer und tiefer, was bei uns nicht in Ordnung ist.

Ein Pastor (Erich Schnepel, S. 68 Das Zentrum) berichtet, dass ihm durch den jahrelangen Besuchsdienst in einem Gefängnis einmal die Augen aufgegangen sind für das Verständnis dieser Bibelstelle. Bei den Raubmördern ist ihm das aufgegangen. Jeder Besuch dort war nicht leicht, aber gleichzeitig auch eine große Freude. Er erzählt: „Ich werde nie die Stunden vergessen, da ich zum erstenmal mit 25 dieser Männer, allein hinter verschlossener Tür um das Neue Testament sitzen durfte und wir einen Austausch miteinander hatten, wie man ihn in der Freiheit nicht alle Tage in einer Gemeinde findet.

Als ich die ersten Sprechstunden hielt, fragte mich der freundliche Verwaltungsinspektor, ob ich die Akten der Männer haben wolle, mit denen ich sprechen würde. Ich war ganz überrascht von seinem Angebot. An Akten hatte ich nicht gedacht, sondern nur an die lebendigen Menschen. Ich dankte ihm herzlich für sein freundliches Angebot. Aber ich wollte den Menschen selbst begegnen, auf Augenhöhe.

Der gewissenhafte Beamte war sehr erstaunt über meine Ablehnung. Für ihn waren die Akten dieser Männer unabtrennbar von ihnen selbst. Sie enthielten ihre Lebensgeschichte. Diese Akten gehörten unauflöslich zu diesen Männern, denn in diesen Akten stand all ihre Schuld, all ihr Vergehen, all das, was sie vor Menschen unmöglich gemacht hatte.

Hinterher ging mir auf – so der Pastor – warum ich so spontan das freundliche Angebot ablehnte. Was bedeutete es schon, wenn ich die Lebensgeschichte dieser Männer mit all ihrer Schuld nur aus den Akten erfuhr und wenn sie nicht selbst im freien Bekenntnis vor Gott ihre Schuld aussprachen. Noch bedeutsamer war das andere: unter diesen Männern kannte ich ja solche, deren Akten nur noch im dem Büro des Gefängnisses standen; vor Gott aber waren sie restlos vernichtet. Das waren die, die zu Jesus Christus gefunden hatten, die seine Vergebung von all ihrer Schuld rein wusch. Das waren meine Brüder „in Christus."

Vor Menschenaugen waren sie Zuchthäusler, Verbrecher, Raubmörder, in der menschlichen Gesellschaft unmöglich. In Gottes Augen aber waren sie seine Kinder, rein gewaschen durch Christi Blut. Vor Menschen waren sie unheilig, befleckt und verklagbar. Unendliche Schuld lastete auf ihnen.

In Gottes Augen waren sie die, die Christus im Glauben als ihren Herrn aufgenommen hatten, ganz rein von aller Schuld – heilig, unbefleckt, unverklagbar – versöhnt mit Gott, im vollen Frieden.

Diese Männer haben mir ein echtes Verständnis des Evangeliums ermöglicht. Wie bin ich durch sie froh geworden, dass unsere Akten seit Golgatha restlos gelöscht sind und von unserem Leben kein Stäubchen und kein Flecken mehr auf uns ruht." – So weit der Pastor.

In unseren eigenen Augen und in den Augen anderer Menschen haben wir alle viele Flecken. Auch die, die Christus angehören, sind begrenzte Menschen, die sich und andere vielfältig enttäuschen. Wir sind alle noch nicht am Ziel. Auch die, die als reife und geheiligte Persönlichkeiten in die Ewigkeit gingen, waren noch nicht fertig. Sie waren noch so vielfältig befleckt und verklagbar.

Aber vor Gott sind wir durch die vollkommene Erlösungstat des Herrn Jesus Christus völlig rein und fleckenlos. Dem, der Jesus im Glauben in sein Leben aufnimmt, gehört die ganze Versöhnung. Christus ist seine volle Gerechtigkeit vor Gott.

Mit tiefster Gewissheit weiß er, dass zwischen ihm und Gott nichts mehr steht – nicht auf Grund der Heiligung unseres Lebens, so sehr wir nach ihr ausschauen und mit ganzer Hingabe darum ringen, sondern ganz allein auf Grund der vollkommenen Tat Jesu am Kreuz, die die Vergangenheit, Gegenwart und Zukunft unseres Lebens umspannt und uns vor Gott wirklich rein, unbefleckt und unverklagbar hinstellt. So werden aus „Fremdlinge" „Heimkehrer", die das Vaterhaus Gottes gefunden haben.

Selbst der Satan kann überhaupt nichts mehr gegen uns vorbringen; er findet einfach nichts mehr, denn die Vergangenheit ist ein für alle Mal abgetan und bereinigt!

Aus Feinden werden Freunde!" – 3 Aussagen aus dem Text:

Erste Aussage: 1) Unsere Ausgangslage!

Zweite Aussage: 2) Wie Versöhnte leben!

Dritte und letzte Aussage:

3)   Im Glauben festbleiben!

a) Im Glauben bleiben!

Wir sind wirklich „versöhnt", daran lässt die griech. Zeitform, die hier benutzt wird (Aorist), keinen Zweifel. Hier wird die endgültige Abgeschlossenheit eines Vorgangs beschrieben. Er, der große Jesus, hat es in die Hand genommen, uns zu fleckenlosen Heiligen zu machen; und Er wird es auch in Zukunft schaffen, so unmöglich es uns auch erscheinen mag – eben, weil wir uns selbst so gut kennen – uns ans Ziel zu bringen!

Und was haben wir dabei zu tun? Nichts, weil Er ja doch alles tun und vollenden will? – Nein! So eine arme und primitive Logik kennt das NT nicht. Denn Jesus wendet die Arbeit Seiner lebendigen Gnade ja nicht Holzklötzen, sondern lebendigen Menschen zu. Darum ist an das Verhalten dieser Menschen eine klare Bedingung gestellt: „wenn ihr nur bleibt – sagt mal alle „bleibt" – im Glauben gegründet und fest, und nicht weicht von der Hoffnung des Evangeliums, das ihr gehört habt und das gepredigt ist allen Geschöpfen unter dem Himmel. Sein Diener bin ich Paulus geworden." Vers 23

„Bleiben" (griech.: ἐπιμένω) meint: dabei bleiben, ausharren, fortfahren, nicht aufhören, und zwar „gegründet" und „fest" und „unerschütterlich" und „feststehend". „Bleiben", das scheint nicht unwichtig zu sein im NT. Das macht die ganze Bandbreite der Bedeutung dieses Wortes deutlich. Ca. 410mal taucht es im NT auf. Zum Beispiel in folgenden Stellen:

- ❖ Joh. 15,5: „Wer in mir <u>bleibt</u> ... bringt viel Frucht."   Oder:
- ❖ Joh. 15,7: „Wenn meine Worte in euch <u>bleiben</u>, könnt ihr bitten, was ihr wollt, und ihr bekommt es."   Oder:
- ❖ Joh. 15,10: „Wenn ihr meine Gebote haltet, so <u>bleibt</u> ihr in meiner Liebe."   Oder:
- ❖ Apg. 2,42: „Sie <u>blieben</u> aber beständig in der <u>Lehre</u> der Apostel und in der <u>Gemeinschaft</u> und im <u>Brotbrechen</u> und im <u>Gebet</u>", das Über-Lebensmotto der ersten Gemeinde. So erreicht man das Ziel seines Glaubens, die Ewigkeit, den Himmel.

„Gegründet im Glauben", das zeigt die Verwurzelung im biblischen Wort, im Gebet und in der gelebten geschwisterlichen Liebe, immer wieder befestigt und bestätigt im Abendmahl, wie es die erste Gemeinde in Jerusalem vorlebte.

Obwohl alles durch Christus geschehen ist, was unsere Erlösung angeht, so wird seine Versöhnung doch niemand aufgezwungen. *Es bleibt eine echte Entscheidung,* die der Glaubende trifft. *Es bleibt eine echte Entscheidung,* wenn wir die Versöhnung von Kreuz und den, der sie vollbrachte, im Glauben aufnehmen. *Es bleibt eine echte Entscheidung,* wenn wir Jesus Christus und sein vollkommenes Werk für uns bejahen und daraus die eine Folgerung ziehen, dass wir nun aus Dankbarkeit Ihm gehören und unser Leben unter seine Herrschaft stellen.

Aber das ist nur der Dank für das, was Jesus uns geschenkt hat. Manchmal fällt dieser Dank etwas unzureichend und kümmerlich aus. Zu Gottes Kind macht uns einzig und allein Christus selbst und sein Werk auf Golgatha. Alles, was wir sind, verdanken wir nur Jesus.

So wesentlich die grundlegende Glaubensentscheidung für Christus ist, so behält doch unser ganzes Leben mit Ihm den Charakter der Entscheidung. Es wird niemals zur Selbstverständlichkeit, dass wir im Glauben an Ihn stehen und unter Ihm leben wollen. Es bleibt eine dauernde Entscheidung durch das ganze Leben hindurch, wenn wir in Ihm gegründet bleiben wollen und fest bei Ihm stehen möchten. Manchmal ist es auch ein Kampf voll tiefen Ernstes, dass wir uns durch nichts von der Hoffnung des Evangeliums entfernen lassen, die Jesus Christus allein ist.

b) Die Hoffnung festhalten!

Denn das ist die Botschaft, die die Welt rettet – wirklich die ganze Welt. Im Geist sieht Paulus die ganze Erde von dieser Botschaft erfüllt, weil er weiß, dass sie die eine Botschaft von unserer totalen Errettung vor Gott ist, neben der es keine zweite gibt. Er weiß, dass diese Botschaft für die Menschen der ganzen Welt das Heil bedeutet und notwendig ist. Jesus Christus ist ihr absoluter und einziger Inhalt. Darum ist seine und unsere stolz-demütige Freude, Diener dieser Botschaft sein zu dürfen. Das gibt einem Menschenleben einen letzten und unüberbietbaren Wert, selbst in dieser Wirklichkeit zu leben und sie anderen zu bezeugen. Wem Jesus Christus das totale Heil geworden ist, der kann nicht anders als auch Träger dieser Botschaft zu sein.

Noch einmal Vers 23: „Wenn ihr nur bleibt im Glauben gegründet und fest, und nicht weicht von der Hoffnung des Evangeliums, das ihr gehört habt und das gepredigt (proklamiert, bekanntgemacht) ist allen Geschöpfen unter dem Himmel. Sein Diener bin ich, Paulus, geworden.“

Aus Feinden werden Freunde!“ – 3 Aussagen aus dem Text:

Erste Aussage:	1) Unsere Ausgangslage!
Zweite Aussage:	2) Wie Versöhnte leben!
Dritte und letzte Aussage:	3) Im Glauben festbleiben!

Ich komme zum Schluss.

Aus gutem Grund / 21. August / Axel Kühner (Offenbarung 21,3f)

❖ Wer sich beim Ewigen geborgen weiß, braucht, was die Zeit bringt, nicht mehr so sehr zu fürchten.

❖ Wer den Frieden hat, der höher ist als alle menschliche Vernunft, braucht nicht mehr so viel Angst zu haben, vor dem, was unsere Vernunft sich an Schrecklichem ausdenkt und unserer Seele einreden will.

❖ Wer sich geliebt weiß, geht am Hass der Menschen nicht mehr zugrunde. Wer dem Fürsten des Lebens angehört, ist kein Knecht des Todes und seiner Vorboten mehr.

❖ Wer um den Lobgesang der Engel weiß, den kann das Wehgeschrei der Völker nicht mehr erschrecken.

❖ Wer der Hand vertraut, die unsere ganze Welt sicher hält, glaubt, dass auch sein kleines, oft genug schuldbeladenes Leben durch alle Nöte des Sterbens hindurch zu Gott gebracht wird, wo Gott selbst mit uns wohnen und alle Tränen trocknen, den Tod und Leid und Schmerz verbannen wird.   Amen!

6. Kolosser 1,24-29 – Das Geheimnis ist groß - Christus für jeden Menschen

a) <u>Einstieg: Peinlich/31. Januar/A.Kühner/Zuversicht für jeden Tag</u>

Die Sensationslust der Menschen treibt die Reporter der Boulevard-Presse zu immer dreisteren Tricks, um nahe an Katastrophen und Unfälle heranzukommen. In einer Kleinstadt liefen alle Menschen auf der Straße zusammen, weil es einen Unfall gegeben hatte. Der Zeitungsreporter konnte durch die dicke Traube von Menschen nicht durchkommen, um zu sehen, was geschehen war. Da kam ihm ein rettender Gedanke. Er rief laut: „Ich bin der Vater des Opfers, bitte lassen Sie mich durch."

Die Menge machte ihm Platz, sodass er direkt zur Unfallstelle gelangte. Und dort musste er, peinlich, peinlich, sehen, dass das Opfer ein Esel war.

Fangen wir mal mit einem Schmunzeln an. Aber trotzdem komisch, dass uns das Leid so neugierig macht, oder?!

b) <u>Textlesung und Thema ...</u>

Ich mache heute Morgen Fortsetzung mit einem Text, in dem es um eine eigenartige Deutung und Interpretation von Leid geht. Hören wir einmal hin. Paulus in Kolosser 1,24 – 29 ...

Ich setze meine Predigtreihe über den Kolosserbrief fort und mir ist dazu das Thema eingefallen: „Das Geheimnis ist groß – Christus für jeden Menschen!":/ Worum geht es in diesem Text? Worum geht es bei diesem Thema? Worum geht es beim Christsein? Es geht um vier Dinge.

Erstens:

1) Anteil am Leiden Christi! :/ (Vers 24)

a) Definition Leiden!

Eigenartig, wie Paulus hier „Leiden" definiert, wenn er hier schreibt:

„Nun freue ich mich in den Leiden, die ich für euch leide, und erstatte an meinem Fleisch, was an den Leiden Christi noch fehlt, für seinen Leib, das ist die Gemeinde." Vers 24. Paulus freut sich, dass er für die Kolosser leiden darf und dass er damit die Leiden Christi und die noch fehlenden Leiden am Leib Christi ergänzen kann. In der GNB hört sich dieser Vers *so* an: Ich freue mich, dass ich jetzt für euch leiden darf. An den Leiden von Christus würde noch etwas fehlen, wenn ich sie nicht durch das, was ich selbst körperlich leide, ergänzen würde – seinem Leib zugute, der Gemeinde."

Eine merkwürdige Definition von Leiden, finde ich. Wie ist das gemeint? Glorifiziert Paulus hier das Leiden? Ist er leidenssüchtig? Sucht er ganz gezielt und bewusst Konflikte und Leidenssituationen? Sicher nicht! Auch Paulus wird als Christ für das Wohlbefinden des Leibes und der Seele dankbar gewesen sein.

Aber auch damals gab es schon Christen, die das nicht zusammen bekamen, dass ein so „Bevollmächtigter" des „Königs aller Könige" – wie Paulus es war – immer wieder in solchen Leiden und Nöten stecken konnte, ausgepeitscht, gesteinigt, verhaftet.

Und dabei geht es bei diesem „Leiden" ausschließlich um ein „Leiden um Jesu willen." Weil man Christ ist, bekommt man Gegenwind und gerät in Bedrängnis.

„In der Welt habt ihr Angst – wörtlich: Bedrängnis, Verfolgung, Unterdrückung – sagt Jesus, aber seid getrost: Ich habe die Welt überwunden." Joh. 16.33. Und an anderer Stelle: „Denkt an das Wort, das ich euch gesagt habe: Der Knecht ist nicht größer als sein Herr. Haben sie mich verfolgt, so werden sie auch euch verfolgen; haben sie mein Wort gehalten, so werden sie eures auch halten." Joh. 15,20

Paulus sitzt um Jesu willen im Gefängnis in Rom! Das „mit gekreuzigt und mit gestorben sein" ist für Paulus keine erbauliche Betrachtung, sondern eine geistliche und manchmal auch blutige Realität. Die Kreuzesgestalt des Christus bestimmt auch den Alltag der Gemeinde! Und darum „freut" sich Paulus darüber, dass er dem Leib Christi in dieser Hinsicht etwas abnehmen und Entlastung schenken kann. Paulus gibt hier der Überzeugung Ausdruck, dass sein Leiden dem ganzen Christusleib zugute kommt.

Paulus geht einen schweren Weg im Gefängnis. Aber die Größe der Botschaft, um derentwillen er diesen Weg geht, lässt all das Schwere vergessen und löst in ihm eine tiefe Freude aus, dass er im Dienst an diesem einzigartigen Evangelium von Christus stehen darf. Zudem ist er von der Gewissheit erfüllt, dass dieser Weg nicht sinnlos ist, sondern eine unmittelbare Bedeutung für viele andere hat. Das ist eine überaus interessante Deutung und Definition von Leid um Jesu willen! Keine Wegstrecke im Leben der Christen ist sinnlos. Sie steht immer in Beziehung zu dem großen Dienst, den sie auszurichten haben, und bahnt immer irgendwie der Guten Nachricht von der Liebe Gottes den Weg! All die Schmach und Not und Bedrängnis um Jesu willen wird unmittelbar fruchtbar für die Gemeinde!

Das ist die große Linie auch unseres Lebens, die ihm Tiefgang und Wert gibt, dass Jesus das ganze Leben seiner Leute zum Bau seiner Gemeinde in Beziehung setzt und dafür auswertet! Unser Ehe – und Familienleben, unsere Berufstätigkeit, das Volk, dem wir angehören – alles in unserem Leben ist letzten Endes nur die Plattform, auf der der eigentliche Dienst unseres Lebens sich vollzieht: Menschen zu Christus zu rufen und zu seiner Gemeinde zu bringen. Diese Aufgabe ist so groß, dass kein Opfer zu schwer ist. Es lohnt sich.

b) Tiefes Leid und höchste Seligkeit/16.Mai/Z.f.j.T./Axel Kühner
In der Regel 2 x in der Woche sind Bettina und ich beim gesundheits-orientierten Krafttraining in Lübeck bei Kieser. Das macht eigentlich nicht wirklich Spaß, gegen Gewichte zu trainieren. Ist auch manchmal richtig langweilig. Was wir aber entdeckt haben ist, dass wir stärker geworden sind. Und das uns das irgendwie guttut. Muskeln wachsen bekanntlich an den Widerständen! Und das ist ein Bild für die Frucht und die Folgen des Leidens im Leben der Christen: Die geistlichen Muskeln wachsen an den Widerständen!

Ehe die Bastille in Paris 1789 dem Erdboden gleich gemacht wurde, war sie Staatsgefängnis. Schuldige und Unschuldige starben hinter ihren Mauern, unter ihnen der evangelische Pfarrer Julian. In einem Stein seiner Zelle hatte eine feste Hand eingeritzt: „Hier ruht meine Seele" (Hic iacet anima mea). Es zeigte sich, dass dieser Stein locker war. Julian zog ihn heraus. In der Mauervertiefung lag die Bibel eines Hugenottenpfarrers, versehen mit vielen handschriftlichen Eintragungen: dem Tag seiner Hochzeit, seiner Ordination, der Aufhebung des Edikts von Nantes 1685 ...

Dann die lange Leidensgeschichte im Kerker, die Versuchungen zum Schwachwerden und Verleugnen, aber auch die Tröstungen aus Gottes Wort: Nach achtunddreißigjähriger (38 !) Haft steht unter dem Datum Mai 1725: „Ich kann fast nicht mehr sehen. Aber ich wünsche doch nicht, dass ich nicht hier gewesen wäre, wo Gott mir Gelegenheit gab, mich stündlich auf seine Ankunft vorzubereiten. Wer meine Bibel findet, sei gegrüßt und gesegnet von unserem Heiland Jesus Christus. Ich kann nicht mehr im Wort Gottes lesen. Ich höre es bald aus Gottes eigenem Munde …" – „Denn unsere Trübsal, die zeitlich und leicht ist, schafft eine ewige und über alle Maßen gewichtige Herrlichkeit!" Paulus in 2. Korinther 4,17 - Anteil am Leiden Christi! Das gehört auch zum Christsein mit dazu!

Könnte ja sein, dass hier heute Morgen jemand Christ werden will, und dass er sich fragt, was das wohl ganz konkret für ihn bedeutet? Anteil am Leiden Christi! ist die passende und richtige Antwort auf diese Frage.

Wobei wir in diesem Teil der Welt höchstens Ignoranz, ein müdes Lächeln, vielleicht auch Spott ernten. Im schlimmsten Fall wird man verleumdet und als christliche Fundamentalisten beschimpft! Das gehört zum Christsein unaufgebbar dazu und sollte uns deswegen nicht verwundern. Aber auch wir können es dann so machen wie Paulus: Wir deuten es dann als eine Ergänzung zum fehlenden Leiden am Leib Christi! Denn es gehört mit zur Kreuzes-Nachfolge!

„Das Geheimnis ist groß – Christus für jeden Menschen!"
Was gehört zum Christsein dazu?
Erstens: Anteil am Leiden Christi!

Eine zweite Entdeckung aus dem Text:

2) Haushalter der guten Gaben Gottes! :/ (Verse 25-26)

a) Der Dienst des Paulus!

Gegen die Superapostel in Korinth, die sowohl ein leidensfreies und ein vermeintlich tiefes Evangelium verbreiteten, wendet sich Paulus in zweifacher Weise:

- ❖ Erstens: Christen haben Anteil am Leiden Christi!
- ❖ Zweitens: Ich, Paulus, bin von Gott autorisiert, den ganzen Reichtum des Wortes Gottes zu predigen und seinen ewigen Ratschluss zur Vollendung zu bringen! Und das für die Heiden!

Damit geht Paulus auf ein Argument dieser Superapostel ein: „Was Paulus von Jesus gesagt hat, ist ausgezeichnet, aber noch nicht die ganze Wahrheit des Evangeliums. Die bringen wir euch, weil Paulus euch nur die Anfangsstufe gezeigt hat. Wir bringen euch die ganze Wahrheit…"

Paulus hält dagegen mit den Versen 25-26 lesen … - Paulus hat von Gott das Amt – wörtlich: die Haushalterschaft (griech.: οἰκονομία, ας f *Verwaltung, Haushaltführung; Dienst, Aufgabe, Verantwortung; Heilsplan*), die Verwaltung, die Haushaltsführung, den Haushaltsplan bekommen, die ganze Wahrheit nicht nur den Juden, sondern jedem Menschen zu erklären. Und zweimal spricht er hier von einem Geheimnis, von einem sogenannten „Mysterion". Das griech. Wort ist hier Ausdruck für die Gedanken und Pläne Gottes, die er den Menschen offenbart hat. Worin besteht dieses Geheimnis?

Darin, dass Gott im Erscheinen Jesu Christi den in der Tiefe seines Herzens „längst" bedachten und beschlossenen Plan hatte, sich seine verlorene Welt heimzuholen, indem Er seinen Sohn zum Versöhner und zu ihrem Herrn macht! Und die verlorene Welt besteht aus Juden und Heiden! Für Juden schwer zu ertragen, aber dennoch genau so vor ewigen Zeiten längst von Gott beschlossen! Nicht nur Juden, sondern alle Nationen sollen den Messias Gottes erkennen! – Und das konnte niemand ahnen, geschweige denn wissen, was sich da Gott an Geheimnisvollen ausgedacht hat! Gott erschließt Paulus und uns sein Geheimnis, indem Jesus Christus „erscheint" und in unserer Welt Wohnung nimmt! Um allen Menschen den Vater zu offenbaren!

Das war die Lebensaufgabe des Paulus. Dafür „brannte" er. Dafür setzte er sich mit ganzer Kraft ein, ein guter Hausverwalter Gottes zu sein! Konkret: Ein Missionar für die Nationen zu sein!

b) Unser Dienst?!
Ein herzliches Dankeschön an alle, die hier in unserer Gemeinde schon fleißig und engagiert in der „Hausverwaltung" tätig sind! Danke für eure Mitarbeit und für euer Einbringen. Alles hat nur den einen Zweck, dass Menschen Jesus finden und hier im Heimathafen der FeG-Neustadt eine geistliche Heimat finden und andocken! Und dann das Reich Gottes ausbreiten!
Denn wirklich „glücklich" wird ein Christ nur dann, wenn er die Gaben entdeckt, die Gott ihm gegeben hat. Und wenn er diese Gaben einsetzt und mit ihnen wuchert, um sie zu vermehren zur Ehre Gottes!

Seit gut 1 Jahr besuche ich 1 x im Monat einen straffällig gewordenen Mann in der Forensik. Letzte Woche habe ich mit ihm zusammen, den Gabentest ausgewertet, dem ich ihm vor 1 Monat mal mitgebracht habe. Und meine Vermutungen über die Gaben, die Gott ihm geschenkt hat, sind dadurch bestätigt worden.

Viele von uns arbeiten regelmäßig in der Gemeinde mit. Wenn alle Glieder am Leib funktionieren und tätig sind, dann kommen wir richtig in Schwung! Wir helfen jedem gern dabei, seine eigenen Gaben zu entdecken und einzusetzen!

Denn jeder Christ empfängt ein Haushalteramt von Gott! Ihm wird etwas anvertraut von seinem Herrn! Keiner ist ohne Gaben zum Dienst für Christus!

Jeder ist ein Haushalter über ganz bestimmte Dienstmöglichkeiten beim Bau der Gemeinde Jesu. Ein Diener seiner Gemeinde zu sein und in ihrer Lebensgestaltung mitzuhelfen, ist der Adel unseres Lebens und der Sinn unseres Haushalteramtes, ob wir Angestellte, Kaufleute, Hausfrauen, Pastoren oder Beamte sind.

Jedem ist ein anderes Haushalteramt übertragen. Darum brauchen wir nicht auf die Gaben der anderen zu schielen. Denn Jesus verfolgt mit jedem Christen andere Pläne und gibt darum auch jedem Christen andere Gaben! Und dann sagt Er: „Handelt damit, bis ich wiederkomme!" Lukas 19,13

„Das Geheimnis ist groß – Christus für jeden Menschen!"
Erste Entdeckung dazu: Anteil am Leiden Christi!
Zweite Entdeckung dazu: Haushalter der guten Gaben Gottes!

Dritte Entdeckung dazu:

3) Eine lebendige Hoffnung haben! :/ (Vers 27)

a) Christus in euch ...!

Paulus steigert die Spannung durch die Worte, die er hier gebraucht. Ein Ausdruck ist immer schwergewichtiger und gehaltvoller als der vorangegangene. Er spricht von einem offenbar außerordentlichen Reichtum und einer besonderen Herrlichkeit, die diesem Geheimnis innewohnt. Es ist kein Geheimnis, das nur in einem kleinen, verborgenen religiösen Zirkel ausgesprochen wird. Seine Botschaft ist so einzigartig und weltumspannend, dass sie in die ganze Völkerwelt hineingehört. Sein Sendungsbewusstsein auf Grund der Größe und Globalität der Botschaft kommt hier zum stärksten Ausdruck.

Jeder ist nun außerordentlich gespannt, in welcher Weise Paulus nun die Superapostel überbieten und was für eine Fülle von Superlativen er verwenden wird, um seine Botschaft zu erklären. Hier ist seine Erklärung. Vers 27: „...denen Gott kundtun wollte, was der herrliche Reichtum dieses Geheimnisses unter den Heiden ist, nämlich Christus in euch, die Hoffnung der Herrlichkeit."

Grandios einseitig! Die Fülle des Evangeliums, der Diamant, der kostbarste Edelstein, der „herrlichste Reichtum", der Gipfel der Bergbesteigung, die größte Wirklichkeit für jeden Menschen, besteht nach Paulus aus einem einzigen Wort: Christus! – Ehrlich gesagt: Mehr fällt mir auch nicht ein. Das reicht auch mir völlig.

Das Größte, das man überhaupt sagen kann, der „herrliche Reichtum" des Evangeliums, ist Jesus selbst und Jesus ganz allein. Griechisch:

- ❖ πλοῦτος, ου m und n *Reichtum, Wohlstand, Fülle*
- ❖ δόξα, ης f *Herrlichkeit; Ruhm; Glanz; Ehre; Ansehen;* pl. *überirdische Mächte* (2Petr 2,10)

Diese Superlative verwendet Paulus hier. Jesus selbst und Jesus ganz allein. Er ist der Christus, das totale Heil der Welt!

All die Ergänzungsversuche durch weitere Botschaften und Stilarten der Nachfolge Christi und des gottesdienstlichen Lebens sind keine vollere Gestalt des Evangeliums, sondern eine Verkürzung und Verdunklung der großen Tatsache, dass mit Christus das volle Evangelium unseres Glaubens und die totale Gabe Gottes geschenkt ist.

Er ist der Christus, der *unter ihnen* (den Kolossern) und *in ihnen* lebt. Er ist nicht weltenfern, in majestätischem, weiten Abstand, so dass man sich ihm nur durch geheimnisvolle kultische Handlungen nahen könnte. Er ist mitten in der Gemeinde. Er ist jedem so nahe. Er ist bei uns alle Tage. Er ist der Vertraute unseres Lebens. Er steht nicht nur *neben uns,* sondern macht durch seinen Geist Wohnung *in uns* und verbindet sich mit jedem Glied seiner Gemeinde zu einer so innigen, tiefen Gemeinschaft, dass es dafür keine Parallele in der Welt gibt!

„Christus in euch ..."

Wenn Christus, der Messias Israels, in die Mitte von Menschen aus den Nationen tritt, von ihnen aufgenommen wird, in ihre Herzen wahrhaftig Einzug hält, sie rechtfertigt, aus ihnen fleckenlose Heilige macht, zum Anteil am Erbe der Heiligen im Licht tauglich – dann ist das alles andere als „natürlich".

Dann ist das höchst wunderbar, ein „Reichtum an Herrlichkeit", der Durchbruch eines unerhörten göttlichen Geheimnisses! „Das Geheimnis ist groß – Christus für jeden und in jedem Menschen!"

b) ... die Hoffnung der Herrlichkeit!

„Christus in euch ... die Hoffnung der Herrlichkeit." Er ist die eine Hoffnung, neben der es keine zweite gibt. Wer ihn hat – oder besser: wen Er hat –, der wird zur vollen Herrlichkeit Gottes eingehen! Unser Heil liegt nur in Ihm, nicht in uns. „In Ihm" ist das ganze Evangelium. „In Jesus" haben wir alles gegenwärtig, was Gott uns zugedacht hat. „In Ihm" haben wir ein Zuhause. „In Ihm" haben wir den Himmel. „In Ihm" haben wir die von Gott gegebene Quelle des neuen Lebens. „In Ihm" haben wir eine lebendige Hoffnung.

Keine richtige Glaubenslehre, keine guten Werke, keine noch so gute ethische Lebensform – Einschub: alles gute Dinge – sichert uns einen Platz im Himmel oder gibt uns Anteil an der Ewigkeit. Wir hoffen nicht auf uns oder auf irgendetwas sonst: wir setzen unsere ganze Hoffnung allein auf Ihn. Er ist für seine Gemeinde die Hoffnung der Herrlichkeit!

Unsere Ewigkeit gründet sich allein auf Christus und nichts sonst. Er ist die eine, absolute, gewisse Hoffnung des Seligwerdens. Darum setzen wir unsere ganze Hoffnung allein auf ihn. Er ist für seine Gemeinde die Hoffnung der Herrlichkeit, die durch nichts ergänzt und gestützt werden muss.

Der Heilige Geist in uns garantiert uns diese Hoffnung und damit den Himmel! Paulus schreibt in Epheser 1,13-14: „[13] In ihm seid auch ihr, die ihr das Wort der Wahrheit gehört habt, nämlich das Evangelium von eurer Seligkeit – in ihm seid auch ihr, als ihr gläubig wurdet, versiegelt worden mit dem Heiligen Geist, der verheißen ist, [14] welcher ist das Unterpfand oder die Anzahlung unsres Erbes, zu unsrer Erlösung, dass wir sein Eigentum würden zum Lob seiner Herrlichkeit."

Martin Luther hat's verstanden.

Er schreibt: Meine Hoffnung

Mir ist es bisher wegen angeborener Bosheit und Schwachheit unmöglich gewesen, den Forderungen Gottes zu genügen.

Wenn ich nicht glauben darf, dass Gott mir um Christi willen dies täglich beweinte Zurückbleiben vergebe, so ist's aus mit mir.

Ich muss verzweifeln. Aber das lass ich bleiben.

Wie Judas an den Baum hängen, das tu' ich nicht.

Ich hänge mich an den Hals und Fuß Christi wie die Sünderin.

Ob ich auch schlechter bin als diese, ich halte meinen Herrn fest.

Dann spricht er zum Vater: Dieses Anhängsel muss auch durch.

Er hat zwar nichts gehalten und alle deine Gebote übertreten, Vater, aber er hängt sich an mich. Was will's! Ich starb auch für ihn.

Lass ihn durchschlupfen. Das soll mein Glaube sein.

„Das Geheimnis ist groß – Christus für jeden Menschen!"

Erste Entdeckung dazu: Anteil am Leiden Christi!

Zweite Entdeckung dazu: Haushalter der guten Gaben Gottes!

Dritte Entdeckung dazu: Eine lebendige Hoffnung haben!

Vierte und letzte Entdeckung dazu:

4) Vollkommenheit in Christus! :/ (Verse 28-29)

a) Vollkommenheit in Christus!

Ich lese uns diese letzten beiden Verse noch mal: Verse 28-29 …
Noch ganz kurz zwei abschließende Gedanken.

Zum einen spricht hier Paulus darüber, nicht nur Menschen mit Jesus bekanntzumachen, sondern sie dann auch im Glauben weiterzuführen! Mit viel Weisheit verkündigt, ermahnt, lehrt, unterweist er jeden Menschen, um ihn „in Christus" vollkommen zu machen. Also „in Christus" beinhaltet einen Anfang, aber genauso auch einen „Fortschritt", ein Wachsen und ein Reifen.

„Vollkommen in Christus" sein! Das ist das Ziel eines jeden Christen! Dabei meint „vollkommen" so viel wie vollendet, vollständig, ganz, erwachsen, reif usw. Das griechische Wort (τέλειος, α, ov) ist wohl aus den Mysterienkulten jener Tage abgeleitet und gilt als Fachausdruck, um den „Eingeweihten" zu bezeichnen, der alle „Weihen" durchlaufen hat.

Vers 28: „damit wir einen jeden Menschen in Christus vollkommen machen", ist ein großer Satz, der sich katastrophal auswirkt, wenn er falsch verstanden wird; der uns aber unendlich froh macht, wenn wir ihn richtig erfassen.

- ❖ Verheerend wirkt dieser Satz, wenn man ihn ethisch, moralisch, sittlich von der Nachfolge und Heiligung versteht. Dann wird er eine große Quälerei, denn diese „vollkommenen" Leute entdecken wir nirgendwo in der Gemeinde Jesu. Dann müssen wir an unserem ganzen Christsein verzweifeln.

- ❖ Dann kämen wir mit Fug und Recht auf den Gedanken: also bin ich gar nicht *in Christus,* denn ich bin kein vollkommener Mensch, sondern merke meine Schwächen und Fehler nur zu sehr an allen Ecken und Kanten.
- ❖ Aber eine helle Freude ist das echte Verständnis dieses Satzes. Was das heißt: „vollkommen in Christus" wird deutlich, wenn wir uns den Gegensatz dazu vergegenwärtigen: „vollkommen in uns selbst."

Das ist keiner von uns. Wo das einer von sich denkt, ist er mitten im pharisäischen Hochmut und eine peinliche Erscheinung in der gläubigen Gemeinde. Wir machen alle einen weiten Bogen um diese Menschen, die ausgesprochen und unausgesprochen davon überzeugt sind, dass sie „vollkommen in sich selbst" sind. Das sind unangenehme Gesellen. Es ist keine Freude, mit ihnen zusammenzuleben.

Ganz anders einer, der voll Dank und Beschämung weiß, dass er „vollkommen in Christus" ist. Er weiß dann gleichzeitig, dass er *in sich nichts:* in sich ein Bettler, ein wurmstichiger Geselle, einer, dem es an allen Ecken und Enden fehlt, mit dem kein Staat zu machen ist. Aber er weiß auch das andere, dass er seine ganze Hoffnung auf Christus setzen darf, dass Christus sein ganzes Heil ist, dass Christus ihn heilig, unbefleckt, unverklagbar hinstellt – nicht vor Menschen, aber vor dem lebendigen Gott. Was ist das für eine Freude, dass Gott all unsere Defekte, Kümmerlichkeiten und Mängel nicht mehr sieht, weil wir in Jesus sind!

Vor Menschenaugen sind wir kümmerliche Gesellen, an denen man mit Recht viel Anstoß nimmt. Bei allem Großen, was Jesus in seinen Leuten gestaltet, bleiben wir doch wirkliche Menschen mit vielen Begrenzungen.

Aber vor Gott gebricht und fehlt uns nichts, weil wir unsern Blick im Glauben auf Jesus gerichtet haben und Ihn unsere ganze Hoffnung sein lassen. Darum sind wir in Gottes Augen: vollkommen in Christus!

Diese Botschaft ist unerhört. Sie macht sehr froh und dankbar und zugleich bescheiden, demütig und gering. Sie nimmt uns alles, wodurch wir auf den Gedanken kommen könnten, doch „vollkommen in uns selbst" sein zu können, und macht uns gleichzeitig unseres ganzen Heils in Christus gewiss.

Das war der eine abschließende Gedanke: „einen jeden Menschen vollkommen in Christus darstellen".

b) <u>Leben und arbeiten in der Kraft Christi!</u>

Und der andere abschließende Gedanke steht in Vers 29: „Dafür mühe ich mich auch ab und ringe in der Kraft dessen, der in mir kräftig wirkt."

Leben und arbeiten in der Kraft Jesu! Paulus ist wunderbar radikal einseitig. Der einzige Gedanke, den er hat, den er bewegt, der ihn umtreibt ist, jedem Menschen aufzuschließen, dass er außer Christus nichts braucht, um vor Gott stehen zu können, da er „in Christus" vollkommen und ganz rein vor Gott ist.

Dieses Ziel ist so groß, dass er nicht in aller Behaglichkeit darüber berichten und als Referent auftreten kann. Das Ziel ist so groß, dass er seine ganze Person und sein ganzes Leben einsetzen muss, das er sich abplagt und kein Opfer und keine Mühe scheut, um den Blick eines jeden Menschen allein auf Christus zu richten und ihn darüber zu unterrichten, dass in Christus alles gegeben ist.

Es ist eine richtige Schlacht, die ihn verzehren könnte, wenn nicht die Energien und Kräfte Gottes in ihm am Werke wären. „Ich mühe mich ab und ringe in der Kraft dessen, der in mir kräftig wirkt." Da stehen im griech. NT zwei powervolle Wörter und Begriffe, die es in sich haben:

- ❖ ἐνέργεια, ας f *Wirksamkeit, Eingreifen (von überirdischen Wesen); Wirkung; Kraft* = Das ist so eine fließende Kraft, Energie … und …
- ❖ δύναμις, εως f *Kraft; Macht; Machttat, Wunder; Können, Fähigkeit* (Mt 25,15); *der Allmächtige, Gott* (Mt 24,64; Mk 14,62)

ἐνέργεια, δύναμις, = das sind die „Energien" und (fließenden) „Kräfte" des Heiligen Geistes, die Jesus am Ostermorgen aus dem Totenreich ins Leben zurückgeholt und auferweckt haben. – So, und jetzt halte dich mal kurz fest: derselbe Heilige Geist lebt in dir, wenn du an Jesus glaubst!

Darum können wir für Jesus leben und arbeiten mit ganzer Kraft, mit ganzem Einsatz, um das Reich Gottes auszubreiten! Und Gott gibt jedem seiner Kinder nach dem Maß seines Einsatzes!

- ❖ Und darum ist auch das Leben der Jünger Jesu so kümmerlich, die sich schonen und sich nicht für andere verzehren, die zu den Spießbürgern und Schmarotzern im Reich Gottes gehören und ein sehr temperiertes Leben leben.
- ❖ Und darum ist aber auch das Leben all der Jünger Jesu so reich und groß, die alles, was sie sind und haben, für ihren Herrn einsetzen, um anderen zu erschließen, was in Ihm uns gegeben ist. Denen legt Gott in unerhörter Weise zu.

c) Gedeckten Scheck einlösen!

Ich schließe mit einer kleinen Beispielgeschichte mit der Überschrift: Gedeckten Scheck einlösen.

Ein Christ braucht Gott nicht um etwas anzubetteln, was er bereits besitzt. Angenommen, du willst einen Scheck über 150 Euro einlösen. Du weißt genau, das Konto des anderen ist ausreichend gedeckt – nehmen wir mal an – mit mehreren 1000 Euro Guthaben. Würdest du dann den Scheck vorlegen, vor dem Kassierer auf die Knie fallen und sagen: „O bitte, bitte, Herr Kassierer, haben Sie Erbarmen mit mir und würden Sie mir bitte diesen Scheck einlösen?"

Das macht doch kein vernünftiger Mensch, oder? Nein, das sähe doch sicher ganz anders aus. Wir würden selbstbewusst in die Bank gehen, unsern Scheck vorlegen und dann auf das Geld warten, das uns ja bereits gehört. Dann würden wir uns bei dem Bankangestellten bedanken und wieder gehen.

Millionen von Christen bitten Gott um ein Leben im Sieg und in der Kraft, das ihnen bereits gehört – ein Leben in der Fülle, ein überfließendes Leben, das nur noch in Besitz genommen werden muss durch den Glauben.

Sie suchen irgendeine gefühlsmäßige Bestätigung und merken gar nicht, dass so ein Verhalten eine Beleidigung Gottes ist – eine Verweigerung des Glaubens, ohne den man Gott nicht gefallen kann.

Amen!

---

7. Kolosser 2,1-7 – Seid fest verwurzelt in Christus

a) <u>Einstieg: Bildbetrachtung ...</u>

Ich lade euch ein zu einer kurzen Bildbetrachtung: Was seht ihr auf diesem Bild? ... Ein Holz – oder Metallkreuz auf einem Sockel, fest umschlungen von einer Wurzel, die das Kreuz runtergebogen hat.

Beeindruckend, welche Kraft so eine Wurzel haben kann, oder! Was im geistlichen Leben aber nicht so funktioniert ist, dass irgendjemand das Kreuz Jesu Christi so verbiegen oder besiegen kann! Das Kreuz Jesu Christi steht fest und hält allem stand!

Trotzdem: Das Bild von der Wurzel, die sich um das Kreuz schlingt, hat etwas und kommt auch in der Bibel vor.

b) <u>Bibeltext und Thema</u>

Ich lese uns den Predigttext von heute aus Kolosser 2,1-7 ...

Und das Thema, was mir dazu eingefallen ist, lautet: „Seid fest verwurzelt in Christus!" :/

Wie kann man das in der heutigen stressigen Zeit, wo so viele Eindrücke und Reize auf uns einstürmen, hinbekommen? Wie kann man als Christ fest verwurzelt sein und bleiben in Christus? Wir kann man als Christ zielgerichtet und wirkungsvoll leben? Wie kann man als Christ, der Jesus liebt und ihm nachfolgen möchte, beständig in der Kraft des Heiligen Geistes leben?

c) <u>Hinführung: Die Geschichte von den 2 Königen ...</u>

Mit einer Geschichte möchte ich das einmal illustrieren. Es gab zwei Könige, die ständig im Streit miteinander lagen. Ein alter König und ein junger König. Der junge König war derjenige, der ständig mit dem Streit begann. Wo immer er Gelegenheit dazu hatte, begann er mit Grenzstreitigkeiten. Schließlich wurde es dem alten König zu bunt, und er befahl seinem Befehlshaber der Armee, diesem ständigen Kampf ein Ende zu bereiten und den jungen König gefangen zu nehmen. Und das geschah.

Der junge König wurde dem alten König vorgeführt, und der alte König sagte ihm: „Junger Mann, jetzt reicht es, das Maß ist voll. Du wirst dein Leben verlieren. Ich werde dich morgen früh hinrichten lassen. Nur eine Möglichkeit gebe ich dir noch, um dein Leben zu gewinnen. Ich werde dir einen großen Krug mit Wasser geben, der bis oben hin gefüllt ist. Und dann wirst du mit diesem Wasserkrug durch die ganze Stadt von einem Ende zum andern hindurchgehen müssen.

So wie du nur einen einzigen Tropfen verschüttest, wirst du dein Leben verlieren. Solltest du auf der anderen Seite diesen Krug, ohne einen Tropfen zu verschütten, durch die Stadt hindurch tragen können, hast du dein Leben gewonnen."

Am nächsten Morgen wurde diesem jungen König der bis oben hin gefüllte Wasserkrug in die Hand gedrückt. Hinter ihm standen zwei Schwertträger, die in dem Augenblick, wo er einen Tropfen verschütten sollte, ihn enthaupten würden. Links und rechts auf den Straßen stand das Volk. Auf der *einen Seite* wurde dem jungen König zugejubelt. Er wurde ermutigt und alle riefen: „Du schaffst es. Weiter, vorwärts, so geht's richtig, langsam, pass auf."

Auf der *anderen Seite* standen die Leute und schimpften ihn aus, verhöhnten ihn, verspotteten ihn, riefen: „Du schaffst es nie. Du wirst es nie schaffen. Du wirst dein Leben verlieren." Schritt für Schritt ging der junge König durch die Stadt.

Schließlich kam er zum Ziel, ohne einen Tropfen verschüttet zu haben. Als er den Krug abgesetzt hatte, fragte ihn der alte König: „Wie hast du das nur geschafft? Waren es die Schwertträger, die dich dazu getrieben haben, so vorsichtig zu gehen, weil du Angst hattest, deinen Kopf zu verlieren? Oder waren es die Leute auf der einen Seite, die dich durch ihre ständigen Ermutigungen so dazu getrieben haben, vorsichtig zu gehen? Oder waren es die Leute auf der anderen Seite, die durch ihre ständigen Entmutigungen dich so angeregt haben, vorsichtig zu gehen?"

Der junge König schaute auf mit erstauntem Gesicht und sagte: „Welche Schwertträger? Welche Leute? Dafür hatte ich weder Augen noch Ohren. Ich habe nur auf meinen Krug schauen können, ich habe nur vorsichtig gehen können, ich habe nur darauf achten können, dass ich ja keinen Tropfen verschütte."

Das könnte ein hilfreicher Tipp sein, wie man fest verwurzelt in Christus seinen Weg als Christ in der heutigen Zeit gehen könnte. Dieses Verhalten könnte helfen, wenn wir beständig in der Kraft des Heiligen Geistes leben wollen. Fest auf Jesus sehen!

Im Hebräer 12 Vers 2 hört sich das so an: „Lasset uns aufsehen auf Jesus Christus, den Anfänger und Vollender unseres Glaubens." Dabei dürfen wir eben nicht danach fragen, ob uns die Leute zujubeln, oder ob uns die Leute entmutigen?

Wir dürfen dann nur noch eine einzige Rücksicht kennen. Das ist die Rücksicht auf Gott. Wir dürfen dann nur noch eine einzige Leidenschaft haben.

Das ist die Leidenschaft, Träger des Lebens Jesu Christi zu sein. Wir dürfen dann nur noch einen einzigen Weg kennen. Und das ist der Weg zu den Menschen mit der Botschaft von der Liebe Gottes.

„Seid fest verwurzelt in Christus!":/
Ein erster Gedanke dazu lautet:

1) <u>Umkämpfter Glaube! :/ (Vers 24)</u>

a) <u>Religion gegen Evangelium!</u>
Vielleicht ist heute Morgen jemand hier, der z. Zt. viel „kämpfen" muss und der sich innerlich oder äußerlich vielleicht in einer angespannten Lage befindet. Dem sei es zum Trost gesagt: Du befindest dich in guter Gesellschaft. Christsein hat eigentlich immer etwas mit Kampf zu tun! Im Grunde ist das die Kehrseite des echten und wirklichen Glaubens!

Paulus schreibt hier in Vers 1: „Ich will euch nämlich wissen lassen, welchen Kampf ich um euch führe und um die in Laodizea und um alle, die mich nicht von Angesicht gesehen haben ..."
Und auch die beiden Korintherbriefe und der Galaterbrief sind anschauliche Beispiele und Zeugnisse dafür, welch ein intensives Ringen, welche Leidensbereitschaft, welche Hingabe des ganzen Herzens, aber auch welche durchdringende Klarheit und vielseitige Weisheit Paulus an den Tag legte, um nicht nur Menschen zum Glauben an Jesus einzuladen und neue Gemeinden zu gründen, sondern sie dann auch zu erhalten, zu stärken und geistlich weiterzuführen.

Vom ersten Jahrhundert bis heute zieht sich ein schweres Ringen durch die Gemeinde Jesu Christi um ihre richtige Lebensform und Lebensgestalt. Mit unheimlicher Gewalt wird die Gemeinde Jesu immer wieder von der üblichen Art menschlicher Religionen angezogen, in denen die Form und der kultische Stil grundlegende Bedeutung für das Heil haben. Das Absinken in die Welt menschlicher Religionen ist uns offenbar angeboren und naturhaft gegeben. Wir wollen uns alle lieber auf etwas Sichtbares und Handfestes stützen. Wir wollen nicht so blank im Glauben Jesus allein ausgeliefert sein. Wir möchten noch irgendetwas in der Hand haben und nicht im nackten Glauben unser Heil auf den unsichtbaren Herrn allein gründen.

Damals musste sich Paulus viel auseinandersetzen mit der jüdischen Gesetzesreligion und der Gnosis, einer besonderen Erkenntnislehre, der es nicht genügte an einen gekreuzigten Jesus zu glauben.

Es war für den Apostel Paulus lebenslang ein schweres Ringen, dass die jungen Christengemeinden nicht einem Kultus zum Opfer fielen, der aus der Welt der menschlichen Religionen stammte und verdunkelte, dass Christus allein ausreichte, um in den Himmel zu kommen! So hielt er mutig und tapfer dagegen: Es geht nicht mehr um das „Tun" von religiösen Bemühungen, sondern es geht um das „Getan" unseres Herrn Jesus Christus durch Karfreitag und Ostern.

Und so hielt Paulus mit zwei sehr wirksamen geistlichen Mitteln dagegen, um in diesem Kampf als Sieger hervorzugehen! Einmal: die heilsame, gesunde biblische Lehre! Und zum andern: die anhaltende Fürbitte, das Gebet! Dabei wusste Paulus – wie auch Petrus – dass Jesus selbst als der auferstandene Hohepriester unermüdlich für die Christen betet.

„Ich aber habe für dich gebeten, dass dein Glaube nicht aufhöre," sagt Jesus seinem Petrus in Luk. 22,32. – Du bist deinem Herrn eine unermüdliche Fürbitte wert! (Hebr. 7,25) :/

b) <u>Eine dreifache Front, an der Christen kämpfen: Welt, Fleisch, Geist!</u>
Der geistliche Kampf gehört zum Christsein mit dazu! Gemeinden werden angegriffen, aber auch die einzelnen Christen!

Wir kämpfen als Christen ein Leben lang an einer dreifachen Front!
Das christliche Leben ist ein übernatürliches Leben. Und der Einzige, der es zu leben vermag, ist Christus. Wir müssen auf einen geistlichen Kampf vorbereitet sein, aber wir sollten daran denken, dass es für uns Christen nicht unser Kampf ist, sondern der des Herrn. Er verspricht, *für* uns und *mit* uns und *durch* uns zu kämpfen.

Die Bibel sagt, dass es drei Mächte gibt: die Welt, das Fleisch und den Teufel, die fortwährend im Kriegszustand gegen unser Glaubensleben stehen.

Da ist die <u>Welt</u>.
Was ist die Welt? »Wie sieht es denn in der Welt aus? Die Menschen lassen sich von der Gesinnung dieser Welt beeinflussen, sie sehen etwas und wollen es dann haben, sie sind stolz auf Macht und Besitz. Das alles kommt nicht vom Vater, sondern gehört zur Welt« (1.Johannes 2, 16/Gute Nachricht/GN). – Das Problem an dieser Stelle: Es bleibt ein Vakuum in der Seele zurück, dass nie ganz gefüllt wird durch die Welt.

Die Gesinnung dieser Welt besteht im Habenwollen, besteht im Streben nach Macht, Ansehen und Erfolg.

Der 1. Joh.-Brief, Kap. 2,15-17 warnt vor dieser Sackgasse, wenn er sagt: »Habt nicht lieb die Welt noch was in der Welt ist. Wenn jemand die Welt lieb hat, in dem ist nicht die Liebe des Vaters. Denn alles, was in der Welt ist, des Fleisches Lust und der Augen Lust und hoffärtiges Leben, ist nicht vom Vater, sondern von der Welt. Und die Welt vergeht mit ihrer Lust; wer aber den Willen Gottes tut, der bleibt in Ewigkeit.«

Ich kenne niemanden, ich kenne keinen Christen, der in diese Welt verliebt ist und gleichzeitig in bedeutsamer Weise von Gott gebraucht wird. Geld und materieller Erfolg sind an sich nicht verkehrt. Dennoch soll uns der Mantel materieller Dinge nur lose umhängen. Unsere ganze Aufmerksamkeit soll auf Christus und die Belange seines Reiches gerichtet sein, nicht auf die materiellen Güter dieser Welt.

Der hilfreiche Rat an dieser Stelle heißt: Abstand von dieser Gesinnung und Veränderung durch eine neue Gesinnung (Römer 12,1-2)!

Da ist die zweite Front: das Fleisch, die Begierden, unsere alte Natur! Mächte von außen und Mächte von innen befinden sich in einem dauerhaften Kampf, um uns in ihren Griff zu bekommen, und wir sind nie ganz frei von dem Druck, den sie auf uns ausüben. »Denn das Fleisch (unsere alte Natur) begehrt auf gegen den (Heiligen) Geist und der Geist gegen das Fleisch; die sind gegeneinander, so dass ihr nicht tut, was ihr wollt.« Galater 5,17

Dieser Konflikt wird unser Leben lang andauern: Es wird hier auf Erden nie eine Zeit geben, in der wir frei von Versuchungen sind. Alle Menschen, mögen sie noch so geistlich sein, haben Versuchungen und neigen zur Sünde.

Es ist wichtig zu wissen, dass zwischen Versuchung und Sünde ein Unterschied besteht. Versuchung ist ein plötzlich aufkommender Impuls, etwas gegen den Willen Gottes zu tun. Solche Empfindungen drängen sich allen Menschen auf — sogar bei unserem Herrn Jesus ist es geschehen —, und sie sind zunächst noch keine Sünde. Versuchungen werden erst dann zur Sünde, wenn wir uns von unseren eigenen Wünschen fangen lassen und der Verlockung nachgeben, was meistens die tatsächliche Handlung des Ungehorsams zur Folge hat.

Doch dieser Hauptkonflikt wird weitgehend dadurch gelöst, dass wir uns durch eine Willensentscheidung der Herrschaft des Heiligen Geistes unterstellen und allen Versuchungen in seiner Kraft begegnen. »Lebt im Geist, so werdet ihr die Begierden des Fleisches nicht vollbringen.« Galater 5,16

Im praktischen Alltag bedeutet dies, dass wir, wann immer Versuchungen an uns herantreten, unsere Schwachheit erkennen und den Herrn bitten, das Problem für uns zu übernehmen.
Der hilfreiche Rat an dieser Stelle heißt also: Flucht zum Kreuz hin!

Und da ist schließlich die dritte Front: der Teufel oder Satan!
In 1. Petrus 5, 7. 8 werden wir aufgefordert, Gott alle unsere Ängste und Sorgen zu überlassen, denn er denkt stets an uns und kümmert sich um alles, was uns betrifft. Wir sollen jedoch wachsam und auf die Angriffe Satans gefasst sein. Er ist unser Erzfeind, der umherstreicht wie ein hungriger Löwe und nach Opfern sucht, die er zerreißen kann. Satan ist ein wirklicher Feind, das steht fest, und wir müssen seiner List gegenüber genauso wachsam sein wie gegenüber seinen offensichtlichen Versuchen, uns zu besiegen und auszuschalten.

Ein junger Pfarrer teilte einem Seelsorger eines Tages mit: »Ich habe Angst vor Satan.« Der Seelsorger erwiderte: »Sie sollten Angst vor Satan haben, wenn Sie darauf bestehen, Ihr Leben selbst zu regieren. Wenn Sie aber bereit sind, Christus die Herrschaft über Ihr Leben auszuliefern, dann haben Sie nichts zu befürchten, denn die Bibel sagt: >Der in euch ist, ist größer als der, der in der Welt ist.<« 1. Johannes 4,4b

Satan wurde vor fast 2000 Jahren auf Golgatha besiegt, als Christus in Erfüllung der Prophetie am Kreuz für unsere Sünden starb. Obgleich Satan große Macht zur Beeinflussung der Menschen hat, ist es doch nur die Kraft, die Gott ihm (noch) zugesteht.

Dieser junge Pfarrer, lebte in einer Stadt, in der sich ein großer Zoo befindet. Sein Seelsorger fragte ihn: »Was macht man in Ihrer Stadt mit Löwen?« Er erwiderte: »Wir sperren sie in einen Käfig.« Der Seelsorger sagte: »Satan ist in einem Käfig. Besuchen Sie den Löwenkäfig im Zoo und beobachten Sie, wie der Löwe ungeduldig hin- und herläuft. Er kann Ihnen nichts anhaben. Selbst wenn Sie ganz nahe an den Käfig herangehen, kann er Ihnen nichts tun, wenn Sie vorsichtig sind. Allerdings müssen Sie schon außerhalb des Käfigs bleiben, sonst wird es Ihnen schlecht ergehen."

Paulus gibt uns in Eph. 6 den geistlichen Rat: »Zieht die ganze Waffenrüstung Gottes an, damit ihr sicher gegen Satans Taktik und Hinterlist bestehen könnt.

Und Jakobus spricht uns zu: „So seid nun Gott untertan. Widersteht dem Teufel, so flieht er von euch. Naht euch zu Gott, so naht er sich zu euch."

Der hilfreiche Rat an dieser Stelle heißt also: Widerstand vom Kreuz her!

„Seid fest verwurzelt in Christus!"

Ein erster Gedanke dazu lautet: Umkämpfter Glaube! (Vers 24)

- ❖ Der Kampf gegen Gesetz und Religion
- ❖ Der Kampf gegen die Welt, unsere alte Natur und den Teufel!
- ❖ Diese Kämpfe werden uns ein Leben lang begleiten!

Vielleicht kämpfen wir heute vermehrt gegen den Zeitgeist oder alle möglichen philosophischen Richtungen!

Das Wichtigste in dem allen ist aber:

- Wir mögen mächtige Feinde haben!
- Aber wir haben gleichzeitig auch einen allmächtigen Freund!

„Seid fest verwurzelt in Christus!":/

Ein *erster* Gedanke lautet: Umkämpfter Glaube!

Ein *zweiter* Gedanke aus unserem Text heute heißt:

2)   Jesus ist alles, was wir brauchen! :/ (Verse 2-3)

a) A.Kühner/Z.f.j.T./5.12/Schätze!

Die wirklichen Schätze liegen nicht auf der Straße und sind auch nicht im Streben nach Erfolg, Ansehen und materiellem Reichtum zu finden! Die wesentlichen Reichtümer sind nicht in den Schaufenstern ausgestellt. Die Werte, die das Leben lebenswert, den Menschen menschenwürdig und die Geschichte sinnvoll machen, sind nicht auf den Gemeinplätzen zu finden.

Die Schätze, die ein Herz ausfüllen und ein Leben reich machen, muss man suchen, oft abseits der Wege, fern der Menge und jenseits des Gewohnten.

Denn das ist das Besondere an den Schätzen, dass sie verborgen sind. Oft zeigen sich die wahren Schätze hinter ihrem Gegenteil verborgen. Manche Berge von Schwierigkeiten wurden die Orte besonderer Gotteserfahrungen. Manche Wüsten der Einsamkeit wurden die Weiten besonderer Einsichten. Und manche Nächte der Schwermut und Trauer wurden zu den hellsten Lichtern der Tröstung und der inneren und äußeren Heilung.

Paulus meint: Christus genügt völlig für die Christen in Kolossä. Und Christus genügt völlig für die Christen in Neustadt und die Christen der ganzen weiten Welt!

b) <u>Jesus genügt völlig!</u>

„In Ihm liegt ein Reichtum an Gewissheit und Verständnis, zu erkennen das Geheimnis Gottes, das Christus ist, in welchem verborgen liegen alle Schätze der Weisheit und der Erkenntnis." V. 2-3

Jesus ist alles, was wir brauchen! Das griech. Wort für „Schatz" hier im Text kann man auch mit „Schatzkammer" oder „Vorratsraum" übersetzen. Alles, was wir an hohen und tiefen Gedanken suchen, ist in Ihm gegeben. Alle Schätze Gottes sind in Ihn für die Gemeinde hineingelegt. Diese „Schatzkammer", dieser „Vorratsraum" ist riesig und grenzenlos. Christus ist die Lebensgrundlage der Gemeinde und ihr ganzer Inhalt. In Ihm ist der „ganze Gott" erkannt. „Alle Schätze" meint: jede Art von … immer, dauernd, ständig ist genug vorhanden … in jeder Hinsicht reicht Jesus ganz und vollständig aus! Wer Christus erkannt, wer Ihn anerkannt hat, der bekommt eine getroste, geborgene Gewissheit der Annahme und Rettung und der Wahrheit ins Herz, gewirkt durch den Heiligen Geist.

Gott lässt sich (nur) in Jesus Christus verstehen. Sein Evangelium ist nicht vorrangig ein ekstatisches Geschehen – obwohl auch die Gefühle beim Entdecken des Evangeliums, beim Entdecken von Jesus in Wallung kommen können, keine Frage – aber sein Evangelium spricht uns auch in Verstand und Willen an. Denn der Glaube schaltet den Verstand nicht aus, sondern ein. Wer glaubt, denkt weiter.

Das erbittet Paulus für die Gemeinden: umfassende Christuserkenntnis, geborgene Christusgewissheit und volles Christusverstehen. Die Gemeinde soll völlig das „Geheimnis Gottes" erkennen, das „Christus ist".
Das „Geheimnis" beschreibt nicht ein Geheimwissen, sondern den Heilsratschluss Gottes, der in Ihm seit Ewigkeiten verborgen war, jetzt aber in Christus offenbart ist. Das ist das große Wunder: Gott hat in Christus den Mund aufgetan, seinen Willen ausgesprochen, ein für alle Mal sein Heil geöffnet für jeden Menschen.

Vers 3 ist im Grunde die Zusammenfassung des vorher Gesagten: „In Ihm liegen verborgen alle Schätze der Weisheit und der Erkenntnis." „Schätze" kann auch mit „alles Angesammelte" wiedergegeben werden. Jesus ist die Fülle Gottes! Jesus ist das Kostbarste und Herrlichste für uns Menschen! Mehr kann *keine* „Weisheit" je erkennen, formulieren oder erdenken. Das sprengt jeden Rahmen. Und jeden Horizont. Der Christus ist die Fülle der Weisheit. Mehr „Erkenntnis" kann es für uns *nicht* geben: Der Christus ist die Summe aller Erkenntnis!

c) Schätze konkret!

Schätze Jesu konkret, das sind für mich:

- ❖ Selbstlose Liebe, die bis zur Aufgabe des eigenen Lebens geht!
- ❖ Das Geschenk der Erlösung und die Chance zum Neuanfang!
- ❖ Bedingungslose Annahme der Vergebung durch den Glauben!
- ❖ Reichtum an Gewissheit der Gotteskindschaft!
- ❖ Positive Veränderung von Menschen! Frucht des Heiligen Geistes!
- ❖ Die ständige Gegenwart Jesu im eigenen Leben durch den H.G.!
- ❖ Eine Fülle von guten Gaben Gottes!
- ❖ Ein erfülltes und glückliches Leben!
- ❖ Die christliche Hoffnung! GmbH Gottes!
- ❖ Und noch Vieles mehr!

„Seid fest verwurzelt in Christus!":/	Mehr ist nicht nötig!
Ein *erster* Gedanke lautet:	Umkämpfter Glaube!
Ein *zweiter* Gedanke lautet:	Jesus ist alles, was wir brauchen!

Und ein *dritter* und *letzter* Gedanke heißt:

3)   Gestärkter Glaube! :/ (Verse 4-7)

a) Leben aus dem Glauben!

„Wie ihr nun den Herrn Christus Jesus angenommen habt, so lebt auch in ihm und seid in ihm verwurzelt und gegründet und fest im Glauben, wie ihr gelehrt worden seid, und seid reichlich dankbar", (Verse 6-7) so endet unser Abschnitt heute.

Paulus freut sich über das geistliche Wachstum der Christen in Kolossä ... und gibt abschließend noch ein paar Tipps, wie der Glaube weiterhin gefördert und fester und reifer werden kann.

Nachdem die Kolosser „in Christus hinein" (V.5) gefunden und in Ihm ihr Lebenselement und ihre Heimat gefunden haben, kommt jetzt *die andere Seite* zum Ausdruck, nämlich, dass unser Glaube an Jesus nie eine ruhende, in sich abgeschlossene Angelegenheit ist, sondern immer eine lebendige Lebensbewegung und stetige Wachstums-Entwicklung ist, die tiefer und tiefer in Ihn hineinführt. Weil – darum …!

„Wie ihr nun den Herrn Christus Jesus angenommen habt, so lebt auch in ihm …".

Das Wort „angenommen" kann man auch wörtlicher mit „empfangen" wiedergeben. „Wie ihr nun den Herrn Christus Jesus <u>empfangen</u> habt, so <u>wandelt</u> auch in ihm …".

Jesus „aufnehmen", Jesus „annehmen", Jesus „empfangen"; das ist die Ausgangslage, das ist der Start ins Christsein. Genau genommen gibt es gar *kein Christsein* ohne, dass man Jesus „empfangen" hat. Es gibt vielleicht eine willentliche, verstandesmäßige Zustimmung zu Jesus, aber das ist noch kein echtes „Christsein". Es gibt vielleicht eine emotionale Begeisterung für Jesus, aber das ist noch kein „Christsein."

Es gibt vielleicht eine Mitgliedschaft in einer Kirche oder Freikirche, aber wenn man Ihn nicht „empfängt" wie eine Frau, die „neues Leben empfängt", kann man nicht vom „Christsein" im Sinne der Bibel sprechen.

Und so wie eine Frau „weiß", dass sie „empfangen" hat, dass sie „schwanger geworden ist", so „weiß" ein Mensch mit 100 %iger Sicherheit, dass er Jesus „empfangen" hat. Da gibt es keine Grauzone, da gibt es kein „vielleicht" oder „ich hoffe"; da gibt es einfach nur „Gewissheit", „Gewissheit", die durch den Heiligen Geist geschenkt ist.

Schon die griechische Zeitform, in der dieser Vers 6 steht – der sogenannte Aorist – weist auf diese Gewissheit hin. Denn diese Zeitform wird im griech. NT gewählt:

- um die Tatsächlichkeit und den Abschluss eines Geschehens zu unterstreichen,
- um eine fertige und vollendete Handlung zu beschreiben, und
- um biblisch zu bezeugen, dass eine göttliche Tatsache geschehen ist, nämlich die „Wiedergeburt" durch den Heiligen Geist.

b) Fest verwurzelt in Christus!

„Wie ihr nun den Herrn Christus Jesus angenommen habt, so lebt, so wandelt auch in ihm." Wörtlich: „Geht in Ihm umher." Wir haben Jesus *im Glauben* empfangen, und *im Glauben* geht's jetzt weiter.

Wie sieht das praktisch aus? Das sieht praktisch so aus, dass Jesus Christus wie ein Magnet auf mich einwirken möchte. Auch die Welt möchte wie ein Magnet auf uns wirken. Aber jetzt wird Jesus Christus der Magnet, der mich anzieht, von dem ich mich anziehen lasse, dem ich meine ganze Aufmerksamkeit zuwende. „In Christus leben, in Ihm wandeln, in ihm umhergehen", das heißt: Jesus wird zur alles bestimmenden Größe meines Lebens. Wie für den Fisch das Wasser, so wird Jesus jetzt für mich das Element meines täglichen Lebens. Hallo, ihr Lieben, alle mal hinhören: Wir werden gelebt ... durch Christus in uns! Amen? Amen!

„Wie ihr nun den Herrn Christus Jesus angenommen habt, so lebt auch in ihm und seid in ihm verwurzelt und gegründet und fest im Glauben, wie ihr gelehrt worden seid."

„Stark werden in Christus!" „Verwurzelt und gegründet und fest sein in Ihm"; dazu ermutigt Paulus die Christen in Kolossä und auch uns.

Das ist im griech. Grundtext eine „Aufforderung, ein Befehl!" Und das bedeutet, dass wir gefordert sind, etwas zu tun. Unser Glaube wird gefestigt, unser Glaube wächst durch vier Lebensäußerungen. Und die stehen in Apg. 2,42: „Sie blieben aber beständig in der Lehre der Apostel und in der Gemeinschaft und im Brotbrechen und im Gebet."

Unser Herz hat 4 Räume, durch die das Blut fließt: 2 Vorhöfe und 2 Kammern. Dadurch wird der ganze Körper mit lebenswichtigem Sauerstoff und Nährstoffen versorgt. Apg. 2,42 sind die 4 Räume, durch die das geistliche Leben fließt und pulsiert: Lehre – Gemeinschaft – Abendmahl – Gebet!

❖ Das fördert unser geistliches Leben!
❖ Das lässt uns wachsen und reifen!
❖ Das macht uns lebendig und stark und kraftvoll!

Und das führt schließlich immer mehr zu einer überfließenden und überströmenden Danksagung! Weil uns Jesus immer wichtiger, größer und wunderbarer geworden ist!

c) Glaubensakrobatik und Tugendathletik / A. Kühner / 21.07. / H.w.d.B.!
„Jesus verlangt von uns keine Glaubensakrobatik, so dass wir Dinge für wahr halten müssten, die unsere Vernunft nie würde annehmen können. Aber er tritt in unser Leben und erweist uns seine Macht.

An kleinen Dingen zuerst.

Wir staunen, wenn sich Bindungen in unserem Leben lösen, wenn wir den Hass gegen unseren Feind verlieren, wenn in unser unruhiges Herz der Friede einzieht. Unsere Vernunft wird demütig und erkennt, dass es neue Möglichkeiten gibt, die sie überragen.

Christus verlangt von uns keine Tugendathletik, so dass wir edel, hilfreich und gut sein sollten. Aber er tritt in unser Leben und erweist uns seine Liebe. Da schmilzt unser Groll zusammen, und wir können vergeben, da schwindet unser Stolz, und wir können um Vergebung bitten: da erwärmt sich unser kaltes Herz, und wir können lieben.

Jetzt geht es gar nicht mehr um Tugend und Edelmut, die wir meinen zu haben oder nicht zu haben; sondern es geht darum, leer zu werden, in uns Platz zu machen, damit Christus eintreten kann. Damit seine Liebe uns ganz in ihrer Gewalt hat. Sollte das so schwierig sein?"
Hat einmal der Psychiater, Arzt und Seelsorger Theodor Bovet gesagt.

„Seid fest verwurzelt in Christus!"
   1)   Umkämpfter Glaube!
   2)   Jesus ist alles, was wir brauchen!
   3)   Gestärkter Glaube!

Ich schließe mit 2. Kor. 3,18:
„Nun aber schauen wir alle mit aufgedecktem Angesicht die Herrlichkeit des Herrn wie in einem Spiegel, und wir werden verklärt in sein Bild von einer Herrlichkeit zur andern von dem Herrn, der der Geist ist." – Blicke unentwegt Jesus an! Das wird dein Leben völlig verändern!

Amen!

8. Kolosser 2,6-7 – Werde stark in Christus

a) <u>Einstieg:</u>

Es geht manchmal eigenartig zu im Reich Gottes. Zu Beginn einer neuen Woche setze ich mich hin und bete: „Herr, was soll ich meiner Gemeinde am kommenden Sonntag sagen? Du weißt besser als ich, was sie braucht, gib mir bitte einen Hinweis."

Und dann blieb ich an dem hängen, was Nicola letzten Sonntag zeugnishaft berichtet hat, als sie sich mal für ein paar Tage eine Auszeit in einem Kloster gönnte. Und dann hat sie uns ja gegrüßt mit zwei Versen aus dem Kolosserbrief.

b) <u>Textlesung und Thema</u>

Hier sind sie: Kolosser 2,6-7 ... Interessant ist dann, dass diese beiden Verse im Verlauf der Woche im Lehrtext der Losungen noch zweimal auftauchten:

- Am Mittwoch der Vers 7: „Seid in Christus Jesus verwurzelt und gegründet und fest im Glauben, wie ihr gelehrt worden seid, und seid reichlich dankbar."
- Und am Donnerstag der Vers 6: „Wie ihr den Herrn Christus Jesus angenommen habt, so lebt auch in ihm."

Der bekannte Baptistenpastor aus dem vorletzten Jahrhundert, Charles Haddon Spurgeon, hat mal über die Bibel gesagt: „Ein einziger Tropfen der unverdünnten Tinktur des Wortes Gottes ist besser als ein See von Erklärungen und Predigten." Diese beiden Verse aus dem Kolosserbrief sind so eine „Tinktur"; und ich hoffe jetzt, dass die Predigt dazu dient und dass es mir gelingt, dass die „ unverdünnte Tinktur des Wortes Gottes" zur Sprache kommt und nicht ein „See von Erklärungen".

Hier ist diese „Tinktur" noch mal nach der „revidierten Elberfelder Übersetzung"; sie ist genauer als die Lutherbibel: Kolosser 2,6-7 …

„Werde stark in Christus …!" ist das Thema dieser beiden Verse.

Und dazu gehört erstens:

1) Empfange Jesus Christus! :/

a) Jesus empfangen

„Wie ihr nun den Herrn Christus Jesus angenommen habt, so lebt auch in ihm", heißt es in Vers 6. Die Elberfelder ist genauer und übersetzt das griechische Wort mit „empfangen": „Wie ihr nun den Christus Jesus, den Herrn, empfangen habt, so wandelt in ihm."

Jesus „aufnehmen", Jesus „annehmen", Jesus „empfangen"; das ist die Ausgangslage, das ist der Start ins Christsein. Genau genommen gibt es gar *kein Christsein* ohne, dass man Jesus „empfangen" hat. Es gibt vielleicht eine willentliche, verstandesmäßige Zustimmung zu Jesus, aber das ist noch kein echtes „Christsein". Es gibt vielleicht eine emotionale Begeisterung für Jesus, aber das ist noch kein „Christsein."

Es gibt vielleicht eine Mitgliedschaft in einer Kirche oder Freikirche, aber wenn man Ihn nicht „empfängt" wie eine Frau, die „neues Leben empfängt", kann man nicht vom „Christsein" im Sinne der Bibel sprechen. Billy Graham hat mal gesagt: „Ein Mensch wird nicht automatisch ein Auto, nur weil er vielleicht zufällig in einer Garage geboren wurde. Genauso wenig wird ein Mensch zu einem Christen, weil er in eine bestimmte Kirche oder Freikirche geht und in sie hineingetauft worden ist."

Und so wie eine Frau „weiß", dass sie „empfangen" hat, dass sie „schwanger geworden ist", so „weiß" ein Mensch mit 100 % iger Sicherheit, dass er Jesus „empfangen" hat. Da gibt es keine Grauzone, da gibt es kein „vielleicht" oder „ich hoffe"; da gibt es einfach nur „Gewissheit", „Gewissheit", die durch den Heiligen Geist geschenkt ist. Schon die griechische Zeitform, in der dieser Vers 6 steht – der sogenannte Aorist – weist auf diese Gewissheit hin. Denn diese Zeitform wird im griech. NT gewählt:

- um die Tatsächlichkeit und den Abschluss eines Geschehens zu unterstreichen,
- um eine fertige und vollendete Handlung zu beschreiben, und
- um biblisch zu bezeugen, dass eine göttliche Tatsache geschehen ist, nämlich die „Wiedergeburt" durch den Heiligen Geist.

Die Bibel ist so klar und eindeutig in ihren Aussagen. Auch hier in unserem Text heute. „Wie ihr nun den Herrn Christus Jesus aufgenommen, angenommen, empfangen habt, so lebt auch in ihm."

b) Jesus empfangen im Glauben

Wie haben wir denn Jesus Christus empfangen, aufgenommen, angenommen? Auf diese Frage gibt es nach dem biblischen Zeugnis nur *eine* Antwort: Wir haben Jesus Christus *durch und im Glauben* empfangen! Es kam für jeden von uns einmal der Augenblick in unserem Leben, *wo wir erkannt haben,* dass wir Jesus brauchen, sonst gehen wir verloren. Bei dem Einen gab ein christliches Lied den Anstoß. Bei einem Andern das Gefühl der Sinnlosigkeit seines Lebens. Ein Dritter kam durch eine Leiderfahrung dazu. Ein Vierter hat durch das Vorbild seiner christlichen Eltern den entscheidenden Anstoß bekommen.

Ein Fünfter hat in einem Gespräch von einem Christen gehört, wie man Christ werden kann. Ein Sechster hat den Gottesdienst einer christlichen Gemeinde besucht, ein Siebter hat einfach mal das NT durchgelesen, usw. usf.

Aber all diese Menschen verbindet eins: Sie haben Gott Recht gegeben in seinem Urteil über uns Menschen! Und sein Urteil lautet: „Du Mensch, du bist so weit weg von mir, du bist so weit getrennt von mir, dass ich meinen Sohn Jesus Christus opfern musste, um dich mit mir zu versöhnen." Am Kreuz geschieht Stellvertretung. Am Kreuz geschieht der große Tausch. Jesus Christus tauscht mit mir. Ich hätte dort hängen müssen an diesem Kreuz. Er hat sich für mich dort aufhängen lassen.

Für meine Schuld, für mein Versagen, für mein Getrenntsein von Gott! Und wenn ich das im Glauben annehme, empfange ich Christus! Ich „empfange" Christus im Heiligen Geist! Dieses Wort „empfangen" führt alles selbstgerechte Tun und Leisten des Menschen ad absurdum. Nicht mit dem „Tun und Leisten", sondern mit dem „Empfangen" beginnt Christsein. So kann Paulus im Galaterbrief schreiben: „Weil ihr nun Kinder seid – nämlich Kinder Gottes – , hat Gott den Geist seines Sohnes gesandt in unsre Herzen, der da ruft: Abba, lieber Vater!" (Gal. 4,6)

Mir ging eine „neue Welt" auf, als ich das vor vielen Jahren erkannt habe. Es hat mein Leben völlig verändert. Wie bin ich so froh und dankbar, dass ich „Christus empfangen" durfte. Er selbst hat mal gesagt, in Joh. 8: „Ihr werdet die Wahrheit erkennen, und diese Wahrheit wird euch frei machen." So ist es mir ergangen. Es fiel mir Schuppen von den Augen: Vorher alles so schleierhaft und nebelig, jetzt eine klare Sicht. Vorher Lüge, jetzt Wahrheit. Vorher Sinnlosigkeit, jetzt ein erfülltes Leben!

Als der Pharisäer Saulus, der diese Verse geschrieben hat, ein Christ wurde, da hat er nicht eine unzulängliche Lehre gegen eine bessere eingetauscht, sondern da hat er alles Bisherige für Schaden geachtet, für Dreck, wörtlich: für Kot, um eine Person mit ihrer ganzen Lebensfülle zu gewinnen und in ihr erfunden zu werden. Warum hat er das gemacht? „Um Christus zu gewinnen. Um in Ihm erfunden zu werden. Um die Gerechtigkeit, die aus dem Gesetz kommt, einzutauschen mit der Gerechtigkeit, die aus dem Glauben an Christus kommt. Um ihn zu erkennen und die Kraft seiner Auferstehung und die Gemeinschaft seiner Leiden und so seinem Tode gleich gestaltet zu werden, damit er gelange zur Auferstehung von den Toten." Philipper 3,7-11 – So wurde aus dem Pharisäer „Saulus" – was „der Erbetene" bedeutet – der Apostel und Völkermissionar „Paulus" – was „der Kleine, der Geringe" – bedeutet.

c) Jesus den HERRN und Gesalbten empfangen

Nichts in der Bibel ist zufällig da hinein geraten. Auch nicht die „Würdetitel", mit denen unser HERR hier beschrieben wird. Als wir Jesus „empfangen" haben, haben wir auch den „Christus" empfangen, den „Gesalbten", den „Messias". Das ist ein Königstitel. Wenn im Orient jemand einem König begegnete, dann gab's nur eins: Runter auf die Knie, vor ihm in den Staub! Anerkennen und ausdrücken, wer der König und wer der „Nicht-König" ist. So drückte man seine Anerkennung, so drückte man seine Huldigung vor einem König aus.

Und der zweite „Würdetitel" hier ist das Wort „HERR", Kyrios, im Griech. Ein „Kyrios" ist der Chef auf diesem Planeten, der absolute Machthaber, der Herr aller Herren und König aller Könige.

Der Weltschöpfer, der Welterhalter, der Welterlöser, der Weltrichter und der Weltvollender. „Kyrios" ist Gottesbezeichnung.

„Kyrios" ist Titel und Rang des Allerhöchsten. Damit waren alle „Möchtegernherrscher" auf ein Nebengleis abgestellt. Damit waren auch alle römischen Cäsaren nur noch „Schachfiguren" auf dem „Schachbrett Gottes". Und wenn Christen damals Jesus als Herrn, als „Kyrios" anriefen, liefen sie Gefahr, verfolgt und eingesperrt zu werden, weil dies als Affront auf den römischen Kaiser zu werten war.

Aber auch das ist wichtig: Wenn Christen zu Jesus beten und ihn „Herrn" nennen, erkennen sie an, dass Er – und kein anderer, auch man selbst nicht – der unbeschränkte Herr und Meister ihres eigenen Lebens sein darf. Ein „Herr" verfügt über das ganze Leben!

„Werde stark in Christus!"
Dazu gehört zunächst mal als Ausgangslage, als Grundvoraussetzung: Empfange Christus, empfange ihn im Heiligen Geist, empfange ihn im Glauben, empfange ihn als HERR über dein ganzes Leben.
Warum nicht heute Morgen?

    „Werde stark in Christus!"   Dazu gehört zweitens:

2) Lebe aus dem Glauben! :/

a) ... so wandelt in IHM
„Wie ihr nun den Herrn Christus Jesus angenommen habt, so lebt, so wandelt auch in ihm." Wörtlich: „Geht in Ihm umher."

Wir haben Jesus *im Glauben* empfangen, und *im Glauben* geht's jetzt weiter.

Es gibt manche Christen, die „glauben in ihrem Leben", und es gibt andere Christen, die „leben aus Glauben". Das ist ein Unterschied, ein nicht geringer. Und das möchte ich kurz erklären.

Ich soll Tag für Tag im Glauben, im Vertrauen auf Jesu leben. „Alles, was nicht aus dem Glauben geht, alles, ist Sünde," steht in Röm. 14,23. Der Glaube von gestern reicht nicht aus, um heute im Glauben leben zu können. Er kann mir eine Hilfe sein, aber er darf kein Ersatz sein. Ich muss *heute* neu glauben. Im 2. Korinther 13, Vers 5 heißt es: „Überprüfet euch selbst, ob ihr im Glauben steht." Nicht, ob ihr zum Glauben gekommen seid, das ist die notwendige Voraussetzung. Aber wenn ich zum Glauben gekommen bin, muss ich überprüfen, ob ich in dem Glauben, zu dem ich gefunden habe, auch stehe. Ob ich in diesem Glauben auch lebe. Ob ich aus dem Glauben lebe.

Wie sieht das praktisch aus? Das sieht praktisch so aus, dass Jesus Christus wie ein Magnet auf mich wirken möchte. Auch die Welt möchte wie ein Magnet auf uns wirken. Aber jetzt wird Jesus Christus der Magnet, der mich anzieht, von dem ich mich anziehen lasse, dem ich meine ganze Aufmerksamkeit zuwende. „In Christus leben, in Ihm wandeln, in ihm umhergehen", das heißt: Jesus wird zur alles bestimmenden Größe meines Lebens. Wie für den Fisch das Wasser, so wird Jesus jetzt für mich das Element meines täglichen Lebens.

Und ich werde anfangen, alles durch Jesus zu sehen, und alles, was auf mich zukommt, von Jesus filtrieren zu lassen. Das Bild des Prismas wird uns hier eine Hilfe sein. Halte ein Prisma gegen die Sonne, und die Sonnenstrahlen werden gebrochen. Und die Strahlungen gehen in die verschiedensten Richtungen. Ähnliches geschieht, wenn ich „in Ihm lebe."

- Dort, wo ich auf Menschen und Situationen reagieren möchte, wird diese erste Reaktion durch Jesus gebrochen.
- Dort, wo die Situationen der Umwelt mich treffen oder verletzen wollen, werden diese Angriffe der Umwelt durch Jesus gebrochen.

b) Die Geschichte von den zwei Königen

Mit einer Geschichte möchte ich das einmal illustrieren. Es gab zwei Könige, die ständig im Streit miteinander lagen. Ein alter König und ein junger König. Der junge König war derjenige, der ständig mit dem Streit begann. Wo immer er Gelegenheit dazu hatte, begann er mit Grenzstreitigkeiten. Schließlich wurde es dem alten König zu bunt, und er befahl seinem Befehlshaber der Armee, diesem ständigen Kampf ein Ende zu bereiten und den jungen König gefangen zu nehmen. Und das geschah.

Der junge König wurde dem alten König vorgeführt, und der alte König sagte ihm: „Junger Mann, jetzt reicht es, das Maß ist voll. Du wirst dein Leben verlieren. Ich werde dich morgen früh hinrichten lassen. Nur eine Möglichkeit gebe ich dir noch, um dein Leben zu gewinnen. Ich werde dir einen großen Krug mit Wasser geben, der bis oben hin gefüllt ist. Und dann wirst du mit diesem Wasserkrug durch die ganze Stadt von einem Ende zum andern hindurchgehen müssen. So wie du nur einen einzigen Tropfen verschüttest, wirst du dein Leben verlieren. Solltest du auf der andern Seite diesen Krug, ohne einen Tropfen zu verschütten, durch die Stadt hindurch tragen können, hast du dein Leben gewonnen."

Am nächsten Morgen wurde diesem jungen König der bis oben hin gefüllte Wasserkrug in die Hand gedrückt. Hinter ihm standen zwei Schwertträger, die in dem Augenblick, wo er einen Tropfen verschütten sollte, ihn enthaupten würden. Links und rechts auf den Straßen stand das Volk.

Auf der einen Seite wurde dem jungen König zugejubelt. Er wurde ermutigt und alle riefen: „Du schaffst es. Weiter, vorwärts, so geht's richtig, langsam, pass auf." Auf der andern Seite standen die Leute und schimpften ihn aus, verhöhnten ihn, verspotteten ihn, riefen: „Du schaffst es nie. Du wirst es nie schaffen. Du wirst dein Leben verlieren." Schritt für Schritt ging der junge König durch die Stadt.

Schließlich kam er zum Ziel, ohne einen Tropfen verschüttet zu haben. Als er den Krug abgesetzt hatte, fragte ihn der alte König: „Wie hast du das nur geschafft? Waren es die Schwertträger, die dich dazu getrieben haben, so vorsichtig zu gehen, weil du Angst hattest, deinen Kopf zu verlieren?

Oder waren es die Leute auf der einen Seite, die dich durch ihre ständigen Ermutigungen so dazu getrieben haben, vorsichtig zu gehen? Oder waren es die Leute auf der andern Seite, die durch ihre ständigen Entmutigungen dich so angeregt haben, vorsichtig zu gehen?"

Der junge König schaute auf mit erstauntem Gesicht und sagte: „Welche Leute? Welche Schwertträger? Dafür hatte ich weder Augen noch Ohren. Ich habe nur auf meinen Krug schauen können, ich habe nur vorsichtig gehen können, ich habe nur darauf achten können, dass ich ja keinen Tropfen verschütte."

Im Hebräer 12 Vers 2 heißt es: „Lasset uns aufsehen auf Jesus Christus, den Anfänger und Vollender unseres Glaubens." Dabei dürfen wir eben nicht danach fragen, ob uns die Leute zujubeln, oder ob uns die Leute entmutigen? Wir dürfen dann nur noch eine einzige Rücksicht kennen. Das ist die Rücksicht auf Gott. Wir dürfen dann nur noch eine einzige Leidenschaft haben.

Das ist die Leidenschaft, Träger des Lebens Jesu Christi zu sein. Wir dürfen dann nur noch einen einzigen Weg kennen. Und das ist der Weg zu den Menschen mit der Botschaft Gottes.

c) Zwei Bilder

„Wie ihr nun den Herrn Christus Jesus angenommen habt, so lebt auch in ihm und seid in ihm verwurzelt und gegründet und fest im Glauben, wie ihr gelehrt worden seid."

„Stark werden in Christus!" „Verwurzelt und gegründet und fest sein in Ihm"; dazu ermutigt Paulus die Christen in Kolossä und auch uns. Die Strömungen, die damals in der jungen Gemeinde Einfluss gewinnen wollten, sind wohl die Anfänge jener Bewegung, die unter dem Namen „Gnosis" später die ganze Urgemeinde gefährdet hat. Die „Gnosis" wollte über den „Glauben" als primitive Anfangsstufe hinaus zur „Erkenntnis" höherer Welten führen. Dagegen sagt Paulus: „Lasst euch nicht beirren. Seid in Jesus gewurzelt und gegründet – wörtlich: auferbaut!"

Er benutzt hier 2 Bilder, um die „Festigkeit des Glaubens" zu unterstreichen. Zum Einen das Bild von der „eingewurzelten Pflanze", und zum Anderen das Bild vom „Hausbau".

❖ Wer seine „Lebenswurzeln" in Jesus Christus, den Herrn, hineingesenkt hat, wird so schnell nicht von irgendwelchen philosophischen oder ideologischen oder religiösen Lehren „entwurzelt" und „herausgerissen" werden können.

❖ Wer sein „Lebenshaus" auf Christus „aufgebaut" hat und sein Wort hält und tut, der hat „nicht auf Sand gebaut", sondern auf Felsen.

❖ Das wird sich dann herausstellen, wenn die „Lebensstürme" kommen.

Noch *ein Gedanke* zu diesem 2. Punkt. Paulus weist hier auf die bewahrende Funktion der biblischen Lehre hin.

d) Die Bedeutung der Bibel

„... und seid in ihm verwurzelt und gegründet und fest im Glauben, wie ihr gelehrt worden seid!"

Auch auf die Gefahr hin, dass ich mich wiederhole: „Ich kenne kein wirksameres Mittel, keine wirksamerer Methode als die des täglichen Bibelstudiums, um im Glauben zu wachsen und im Leben positiv verändert zu werden! Ohne diese regelmäßige „Stille Zeit" wachsen wir nicht in die Tiefe, schlagen wir keine Wurzeln, werden wir nicht im Glauben gefestigt. Es gibt hier wirklich keine Abkürzung für einen Christen, der im Glauben wachsen will. Diese „Stille Zeit" wird uns nicht geschenkt, die müssen wir uns nehmen. Und es ist nicht einfach in der heutigen Zeit, in der es so viel Ablenkung und Zerstreuung gibt, sich an dieser Stelle zu disziplinieren. Wir müssen die Worte Jesu studieren. Wir müssen auf seine Worte, auf seine Werke achten, und wir müssen nach seinen Worten handeln.

3 Gründe, warum das so absolut notwendig für das christliche Leben, für das beständige christliche Leben ist. Der 1. Grund: Ich muss im Wort Gottes täglich arbeiten, um die Gesinnung Jesu zu erfahren! Im Philipperbrief, Kapitel 2, Vers 5 heißt es: „Jeder sei gesinnt, wie Jesus Christus auch war." Die Gesinnung Jesu spielt sich zunächst in meinen Gedanken ab. Ich muss seinen Gedanken nachdenken. Ich muss mich mit seinem Wort beschäftigen, und dass, was ich denke, wird das, was ich tue, beeinflussen.

An deinem Tun wird ablesbar sein, was du denkst. *Säe einen Gedanken, und du erntest eine Handlung. Dort, wo eine Handlung wiederholt wird, wirst du eine Angewohnheit ernten. Dort, wo verschiedene Angewohnheiten praktiziert werden, die auf die Gesinnung Jesu zurückgehen, werden diese Angewohnheiten deinen Charakter prägen!* Es ist notwendig, dass wir im Wort Gottes arbeiten, um die Gesinnung Jesu zu haben.

Ein 2. Grund, warum ich täglich im Wort arbeiten muss. Ich muss im Wort arbeiten, um geistliche Nahrung zu mir zu nehmen!

Im 1. Petrusbrief, im 2. Kapitel heißt es: „Seid begierig nach der vernünftigen lauteren Milch des Wortes Gottes wie die neugeborenen Kindlein, damit ihr durch sie zunehmt zu eurem Heil." Das kann man nicht einmal am Sonntag für zwei, drei Stunden machen. Das tun wir ja bei Kleinkindern auch nicht. Kein Baby bekommt 1 x am Sonntag 4 oder 5 Liter Milch, damit es dann für die ganze Woche reicht. *Um geistlich im Glauben wachsen zu können, benötige ich ständig geistliche Nahrung.* Wenn ich beständig in der Kraft des Heiligen Geistes leben möchte, brauche ich täglich geistliche Nahrung.

Und noch ein 3. Grund. Das tägliche Arbeiten am Wort ist notwendig, weil uns hier die Verheißungen Gottes zugesprochen werden!

Die Bibel, das Alte und das Neue Testament sind in ihrem Charakter Testament. Das heißt: Hier liegt ein Vermächtnis vor. Hier wird uns etwas vermacht. Und wir müssen uns diesem Vermächtnis zuwenden, um herauszufinden, wo unser Name eingesetzt werden kann. Im 2. Petrus, im 1. Kapitel heißt es, Vers 4: „Durch Jesus sind uns die größten Verheißungen geschenkt." Und in Vers 5: „Wendet all euren Fleiß an diese Verheißungen."

Dort, wo ich täglich am Wort arbeite, werde ich beständig in der Kraft des Heiligen Geistes leben können, weil das Wort die Grundlage für meinen Glauben ist, weil das Wort mir hilft, die Gesinnung Jesu zu haben, weil das Wort mir hilft, geistliche Nahrung zu bekommen, und weil das Wort auf Grund seiner Verheißungen mich befähigt, Frucht zu tragen.

„... und seid in ihm verwurzelt und gegründet und fest im Glauben, wie ihr gelehrt worden seid!"

Festigkeit, Stärke, Wachstum im Glauben, das ist ohne das tägliche Bibelstudium nicht zu haben! Das ist kein Gesetz, das ist ein Angebot Gottes!

Das Schöne an meinem Beruf ist, Menschen zu sehen, die sich durch den Einfluss des Evangeliums verändern. Die Einen wachsen langsamer, die Anderen wachsen schneller. Geht man dem mal auf den Grund und forscht man dem ein wenig nach, entdeckt man bei denen, die schneller wachsen, dass die Bibel einen besonderen Stellenwert in ihrem Leben einnimmt!

„Wir ihr nun den Herrn Christus Jesus angenommen habt, so lebt auch in ihm und seid in ihm verwurzelt und gegründet und fest im Glauben, wie ihr gelehrt worden seid, und seid reichlich dankbar."

„Werde stark in Christus!"

1) Empfange Jesus Christus!
2) Lebe aus dem Glauben!   Und drittens und letztens:

3) <u>Übe dich in der Danksagung! :/</u>

a) <u>Dankbarkeit ist was anderes als Danksagung</u>

„... und seid reichlich dankbar", übersetzt Luther hier. Die Elberfelder übersetzt: „... indem ihr überreich / überfließend seid in Danksagung."

Das ist ein Unterschied. Es ist ein Unterschied, ein „Gefühl der Dankbarkeit" zu haben oder „Danksagung zu praktizieren." Auch wenn beides oft zusammengehört.

Es ist normal, „dankbar" zu sein für die vielen Wohltaten, die man von Gott geschenkt bekommen hat. Wer als Christ nicht mehr aus dem staunenden Dank lebt, wird angreifbar, mürrisch und unzufrieden.

Aber das, was Paulus hier meint, geht noch 1. Schritt weiter. Er hat es auch den Thessalonichern schon mal geschrieben: „Seid allezeit fröhlich. Betet ohne Unterlass. Sagt in allem Dank! Denn das ist der Wille Gottes in Christus Jesus an euch." 1. Thessalonicher 5,16-18

„Danksagung für alles – nicht nur für das Gute – ist eine ganz starke Glaubensübung, die hilft, in Christus stark und gefestigt zu werden!"

b) Bill Bright (Beständiges Leben im Heiligen Geist, S. 50-53)
Ein sehr herausforderndes Beispiel für „praktizierte Danksagung" erlebte einmal Bill Bright, der Gründer von Campus für Christus. Nach einem Vortrag kam eine junge Frau zu ihm, um sich seelsorglichen Rat zu holen. Unter Tränen erzählte sie ihm vom Tod ihres Verlobten, der bei einem Unfall umgekommen war. Und sie hatte am Steuer gesessen, als es passierte. Sie kamen gerade von ihrer Verlobungsfeier nach Hause, als ein entgegenkommendes Auto die Mittellinie überfuhr und sie von der Straße an einen Leitungsmasten abdrängte. Die Trauer und der Schmerz über den Tod ihres Verlobten wurden noch vermehrt durch das Schuldbewusstsein, weil sie das Auto gelenkt hatte. Ihr Herz war gebrochen. „Was kann ich tun?" fragte sie verzweifelt.

Monate waren vergangen, und sie hatte sich bei Psychiatern, Psychologen, Geistlichen und vielen anderen Rat holen wollen. Sie sagte: „Wenn Sie mir nicht helfen, habe ich Angst um meinen Verstand." Bill Bright fragte sie, ob sie Christin sei, und sie sagte Ja. Sie lasen zusammen Römer 8,28, und Bill Bright fragte sie: „Glauben Sie, dass denen, die Gott lieben, alle Dinge zum Besten mitwirken?" Sie sagte: „Ja, das glaube ich." Dann schlugen sie 1. Thess. 5,18 auf. Sie las laut vor: „Sagt in allem Dank, denn das ist der Wille Gottes in Christus Jesus an euch." Bill Bright: „Wollen wir das jetzt miteinander tun, Gott danken für diese schwierige Situation?" Die Frau war schockiert und konnte kaum glauben, dass sie ihn richtig verstanden hatte. Ungläubig schaute sie Bill Bright an und sagte: „Wie kann ich Gott jemals für solch einen tragischen Unfall danken?" Bill Bright: „Um Ihm zu sagen, dass Sie trotz dieser großen Not an Ihm festhalten und Ihm vertrauen." Sie knieten beide hin, und sie betete unter Tränen: „Gott, ich verstehe Dein Handeln nicht, aber ich weiß, dass ich Dir vertrauen darf; und ich will Dir dafür Dank sagen."

Am nächsten Morgen kam eine völlig veränderte junge Frau in das Büro von Bill Bright und sprudelte förmlich über vor Freude. Sie sagte: „Letzte Nacht schlief ich zum ersten Mal ohne Schlafmittel seit dem Unfall. Und als ich diesen Morgen aufwachte, war mein Herz Gott gegenüber voller Lob und Dank. Ich kann es einfach nicht verstehen, aber ich weiß, dass es etwas mit dem zu tun hat, was Sie mich über das Danken gelehrt haben."

c) Zusammenfassung

„Wir ihr nun den Herrn Christus Jesus angenommen habt, so lebt auch in ihm und seid in ihm verwurzelt und gegründet und fest im Glauben, wie ihr gelehrt worden seid, und seid reichlich dankbar."

Werde stark in Christus!

1) Empfange Jesus Christus!

2) Lebe aus dem Glauben!

3) Übe dich in der Danksagung!

Amen!

9. Kolosser 2,8-15 – Jesus sorgt für klare Machtverhältnisse

a) Einstieg:

Ich mag den Kolosserbrief so, weil er der Gemeinde von heute einen unschätzbaren Dienst tut, indem er ihr die Größe Jesu und die große Wirksamkeit Seines Kreuzes vor Augen stellt.

Jesus ist der Kosmokrator, der Allherrscher, von dem alles Leben kommt, der alles Leben erhält und trägt, der alles mit Leben füllt und der einmal – am Ende der Zeit – alles vollenden wird!

Die Gemeinde der Glaubenden darf es fröhlich wissen, dass sie einen großen und herrlichen Jesus hat, dem sie vertrauen darf, und dass sie neben Ihm nichts anderes mehr braucht und in Ihm nichts mehr zu fürchten hat!

b) Bibeltext und Thema

Ich mache Fortsetzung mit meiner Predigtreihe über den Kolosserbrief und lese uns den Predigttext von heute aus Kolosser 2,8-15 …

„Jesus sorgt für klare Machtverhältnisse!" :/ - Darum geht es hier in diesem Text.

c) Kurze Wiederholung …

Bisher ging es in den Predigten um:

❖ Die große Sendung Gottes in diese Welt, indem Gott Jesus sandte und dann später die Apostel und Jünger, um das Evangelium – die „Gute Nachricht" von der Liebe Gottes, weiterzusagen.

- ❖ Gott liebt jeden Menschen in seinem Sohn Jesus Christus bedingungslos und möchte ihn gern für den Himmel retten.
- ❖ Thema der 1. Predigt: „Werde ein Teil von etwas ganz Großem!" Mission in Ostholstein, in dieser Region.
- ❖ Dann ging es im ersten Kapitel noch darum, dass „Jesus verändert!"
- ❖ Und dann in den beeindruckenden Versen aus Kolosser 1,15-23 darum, „wer Jesus ist", nämlich Er ist Weltschöpfer, Welterhalter, Weltherrscher, Welterlöser, Weltrichter und Weltvollender.
- ❖ Weiter ging es darum, dass dieser Jesus durch Seinen Heiligen Geist in jedem Menschen Wohnung machen will und dadurch jeder Mensch mit der Zeit völlig verändert wird. Ein großes Geheimnis: „Christus in euch, die Hoffnung der Herrlichkeit."
- ❖ Und schließlich: wie man fest verwurzelt und stark werden kann durch und in Jesus!

Irgendwie kommt man aus dem Staunen nicht mehr raus, wenn man das alles so liest und auf sich wirken lässt.

Heute also das Thema: „Jesus sorgt für klare Machtverhältnisse!" – Welche sind das? Worüber hat Jesus Macht und Autorität?   Erstens:

1)   Jesus hat Macht über alle menschlichen, weltlichen und religiösen Weltanschauungen! (V. 8-10)

a) Der Mensch „muss" Fragen stellen!
Ich lese uns noch mal die Verse 8 bis 10 …

Es gibt in dieser Welt eine Fülle von Nachdenken über Gott und diese Welt und wie man richtig leben und handeln kann als Mensch.

Paulus nennt das Philosophie, was übersetzt „Freund der Weisheit"
bedeutet. Und ich finde das was grundsätzlich Positives. Es gibt so viele
Lebensmodelle, es gibt so viel Fragen und Forschen und Verstehen wollen
von komplizierten Lebenszusammenhängen; und für mich ist das ein ganz
starkes Argument dafür, dass der Mensch Ebenbild Gottes ist.

Der Mensch ist das einzige Lebewesen in dieser Welt, das nicht „fraglos"
leben kann! Der Mensch „muss" Fragen stellen! Das weist ihn als Geschöpf
Gottes aus. Ein Stern zieht seine Bahnen, ohne zu fragen. Jede Pflanze
wächst fraglos so, wie sie muss. Jedes Tier erfüllt fraglos sein Leben. Wir
hatten auch mal 10 Jahre einen Hund, und der hat sich nie „gefragt" –
jedenfalls haben wir das nicht so mitbekommen – wie er ein „richtiger"
Hund werden kann. Aber jeder Mensch „muss fragen", wie er ein wahrer
und richtiger Mensch werden kann. Das ist ein Beleg dafür, dass er zum
„Bilde Gottes" geschaffen wurde. Er „fragt" nach seinem Ursprung, er fragt
nach Sinn und Ziel seines Lebens. Insofern ist jeder Mensch für sich
genommen, so etwas wie ein kleiner „Philosoph".

b) Gesetz und Hellenismus und Naturwissenschaft
Weil er denkt und weil er fragt, entstehen dann aber auch manchmal
Lebensentwürfe, die Stress machen und auch anderen Menschen unnötige
Lasten auflegen!

Damals war das die „jüdische Gesetzesreligion" und die „griechische
Philosophie", der sogenannte „Hellenismus"!

Und dann spricht Paulus hier in Vers 8 noch von den „Mächten dieser
Welt", die das Leben der Menschen zu beeinflussen suchen.

Im Grundtext steht für Mächte das Wort „Elemente", das kennen wir ja auch noch aus dem volkstümlichen Denken, die vier Grundelemente oder Grundstoffe: Feuer, Wasser, Luft und Erde.

Vielleicht ist damit das „irdische" Denk- und Lebensmuster gemeint, das Antworten aus der rein naturwissenschaftlichen Erkenntnis zieht und dann zu der Schlussfolgerung kommt: All das, was man sehen und nachvollziehen und verstehen kann ist das, worauf es im Leben ankommt! Alles andere zählt nicht.

Manche Ausleger sehen hinter diesen „Mächten" und „Elementen" auch elementare Geister mit übernatürlichen Kräften, von denen angenommen wurde, dass sie Kontrolle über das Schicksal des Menschen ausüben. So haben viele Menschen damals gedacht, und vielleicht nicht nur damals.

c) In Christus wohnt die Fülle der Gottheit!

Eigentlich egal, was das alles ist: jüdische Gesetzesreligion, griechische Philosophie, wissenschaftliche Erkenntnis oder elementare Geister mit übernatürlichen Kräften.

Das sind für Paulus alles Lebensentwürfe und Lebensmuster, die alle viel zu kurz greifen!

Paulus zündet eine Bombe, Paulus startet eine Rakete und antwortet auf alle diese „Lebensentwürfe" ganz radikal und phänomenal einseitig und sagt: „Ihr lieben Christen in Kolossä, lasst euch nicht irremachen. Alles Fragen und alles Forschen und alles Nachdenken kann nur durch Jesus beantwortet und verstanden werden! Es ist alles völlig an Jesus, an Seine Person und Sein Erlösungswerk gebunden!

Die ganze Welt kann also nur richtig verstanden werden, wenn sie von Christus her und auf Christus hin angesehen wird."

So erfrischend, so phänomenal und beeindruckend, so einseitig ist die Weltanschauung des Paulus! So versteht Paulus diese Welt und das Leben darin. „Denn in Ihm – in Christus – wohnt die ganze Fülle der Gottheit leibhaftig, und an dieser Fülle habt ihr teil in Ihm, der das Haupt aller Mächte und Gewalten ist." Verse 9 und 10

Darf ich noch ein bisschen weiter schwärmen?! In Christus schimmern nicht nur einzelne Züge der Gottheit hindurch; hier „wohnt" in einem Menschen „die ganze Fülle der Gottheit", Gott mit seinem ganzen Wesen. Wer ernsthaft nach Gott fragt, der will den ganzen Gott bis in die Tiefen seines Herzens und Wesens. Ihm – dem ernsthaft Fragenden – bezeugt es die Gemeinde triumphierend und unbeirrbar, erleuchtet vom Heiligen Gott: Jawohl, der ganze Gott lebt leibhaftig in Christus!

Er, Jesus Christus, Er in Seiner Person ist der eine, in dem die Fülle Gottes wohnt; Er, der als der lebendige unsichtbare HERR inmitten Seiner Gemeinde ist und in ihren Gliedern Wohnung macht. In Ihm sind auch wir zur ganzen Fülle gekommen. In uns selbst bleiben wir Bettler, aber in Ihm haben wir die Fülle. Und weil das so ist, hat ein sieben Jahre altes Kind, das Jesus von ganzem Herzen vertraut und liebt und der reife Christ mit fünfzig Jahren in Ihm – in Jesus Christus in gleicher Weise das ganze Leben. Vers 10: „... und an dieser Fülle habt ihr teil in Ihm, der das Haupt aller Mächte und Gewalten ist." Was für ein Geheimnis!

Was für eine interessante Weltanschauung, was für eine interessante Sicht über Gott und die Welt und das menschliche Dasein, die Paulus hier doch vertritt: Man versteht alles nur durch und in Christus richtig!

Jesus hat Macht über alle menschlichen und weltlichen und religiösen Weltanschauungen! (V. 8-10)
Ein zweiter Gedanke, den Paulus hier entfaltet, heißt:

2) Jesus hat Macht über das Ego des menschlichen Herzens! (V. 11-12)

a) Beschneidung der Herzen!
Können sich Menschen wirklich grundlegend verändern? Paulus und Werner meinen: „Ja, das können sie wirklich!" Vers 11 lesen …

Manche Menschen damals – besonders die aus dem religiösen und gesetzlichen Judentum, aber auch bei den Völkern des Orients, der religiösen Umwelt der Juden (Ägypter, Ammoniter, Moabiter, Edomiter) – bildeten sich etwas darauf ein, dass sie durch die „Beschneidung" automatisch zum Volk Gottes gehören würden. Das ist das „äußere Bundeszeichen" der Zugehörigkeit zu den Auserwählten Gottes.

Paulus sagt: „Die Beschneidung, auf die es wirklich ankommt, ist eine innere Beschneidung, die Beschneidung des menschlichen Herzens." Hier geht es um diesen geheimnisvollen Vorgang eines geistlichen operativen Eingriffs am menschlichen Herzen durch Gott. Das „Ego", das „Ich-Mir-Meiner-Mir – Herr, segne diese Vier" wird zwar nicht ganz herausgeschnitten und entfernt, aber es verliert seine Macht, seine Dominanz! So kann das Herz in eine neue Richtung schlagen, auf Gott zu und auf den Nächsten zu!

Das ist eine „Beschneidung, die nicht mit den Händen und an unserem Leib geschieht", wie alle religiösen Handlungen, die von Menschen getan werden. Jesus hat Macht über das Ego des menschlichen Herzens!

Und die Beschneidung, die Er vornimmt, geschieht durch Seinen Geist an unserem Geist, an dem geheimen Zentrum unserer Persönlichkeit, das wir „Ich" nennen!

Durch diese Beschneidung des Christus ergibt sich eine entscheidende Änderung, indem Er selbst, Jesus Christus, die Grundlage unserer ganzen persönlichen Existenz wird als der, der durch Seinen Geist in uns wohnt und in uns am Werk ist. Das ist ein Vorgang von fundamentaler Bedeutung, denn dadurch wird ein Mensch von seiner alten Lebensgrundlage erlöst und in Jesus Christus eingewurzelt. Manche Gemeinden sind von diesem Vorgang so begeistert, dass sie sich den Zusatz „Gemeinde mit Herz" in ihr Profil schreiben!

Jesus nennt dies die zweite Geburt, die Wiedergeburt, die Geburt von oben, weil damit ein zweites Leben anfängt, das wir nicht von unseren Vorfahren geerbt haben, sondern dass in dieser geheimnisvollen Tat des Christus ihren Anfang hat. Diese „Beschneidung des Christus", die Er allein vollzieht, verändert die gesamte Lebensgrundlage, löst uns von dem alten Lebensfundament und macht Christus selbst zum Fundament des weiteren Lebens.

- ❖ Endlich wird wahr, was Jesus sich so sehr für jeden Menschen wünscht: »Du sollst den Herrn, deinen Gott, lieben von ganzem Herzen, von ganzer Seele und von ganzem Gemüt«. Das andere aber ist dem gleich: »Du sollst deinen Nächsten lieben wie dich selbst« (Matth. 22,37-39)

❖ Endlich erfüllt sich Galater 2,19-20: „Ich bin mit Christus gekreuzigt. 20 Ich lebe, doch nun nicht ich, sondern Christus lebt in mir."

b) Begräbnis des alten Menschen in der Taufe!

Diese große Tatsache kommt in der Taufe zum Ausdruck! Denn durch sie – ich rede von der Taufe des Glaubens – wird symbolisch deutlich und ausgedrückt, dass wir mit Christus begraben worden sind in Seinem Tod! Das ist kein mystischer und geheimnisvoller Vorgang, das ist einfach ein Bekenntnis des Täuflings vor der sichtbaren und unsichtbaren Welt, der ein neues Herz bekommen hat. Wir sind durch unser „inneres Neuwerden" mit Christus gekreuzigt und begraben. Gott spricht am Kreuz das Todesurteil über unsere gesamte menschliche Existenz aus.

Die Taufe des Glaubens ist die sichtbare Verkündigung davon, dass unsere alte Lebensgrundlage vor Gott niemals ausreicht und durch den Tod Jesu vollgültig und endgültig abgetan ist.

Wir werden in den Tod Jesu getauft und erkennen an, dass im Tode Jesu über uns das alte Todesurteil Gottes ausgesprochen ist. Gründlicher und vollkommener kann man ja sein Ego, sein „altes" Leben, sein „fleischliches Wesen", seine „alte Natur" nicht loswerden als durch eine Beerdigung! Was „tot" ist, was keine Lebensgrundlage mehr hat, muss „beerdigt" werden. Die Taufe ist ein „Wasserbegräbnis!"

c) Auferstehungsleben!

Gleichzeitig werden wir aber auch „in" den auferstandenen HERRN hinein getauft und geben uns Ihm ganz hin und zu eigen.

Vers 12: „Mit ihm seid ihr begraben worden in der Taufe; mit ihm seid ihr auch auferweckt durch den Glauben aus der Kraft Gottes, der ihn auferweckt hat von den Toten."

Wie in dem Sterben Jesu die alte Lebensgrundlage des alten Menschen abgetan und überwunden wurde, so ist uns in dem auferstandenen HERRN die neue Lebensgrundlage gegeben. Sie wird nicht erst dann Wirklichkeit, wenn wir im Glauben zu Christus kommen, sondern sie ist Tatsache, seitdem Gott Ihn auferweckte und Ihm das neue, das höhere Leben gab, indem Er Geist ist wie Gott.

Die Kraft Gottes hat das bewirkt, weil sie überirdische Power ist! Im Griechischen steht „energeia", da kommt das Wort „Energie" her. Die Kraft Gottes ist demnach eine äußerst wirksame und handelnde Energie. Gott hat Seine göttliche Kraft in einzigartiger Weise angewendet, als Er den für uns gestorbenen, mit all unserer Schuld und Not beladen ins Grab gesenkten Christus wieder auferweckte durch Seinen Geist!

Und in dieser göttlichen Power dürfen wir als Christen heute leben und wandeln, um das mal ein bisschen altdeutsch zu sagen!
Und es ist eine große Sache, wenn wir entdecken, wie wir das im Glauben fassen und in Anspruch nehmen können, denn das ist unsere neue Lebensbasis und Lebensweise! Paulus möchte uns Mut machen, das „alte Leben" hinter uns zu lassen, und in der Kraft der göttlichen Energie – die wir im Glauben für uns in Anspruch nehmen – unsern Alltag zu gestalten. „Lebst du aus eigener Kraft oder lebst du im Glauben aus der Auferstehungskraft Jesu?" Das ist die Frage, die hinter diesen Versen steht!

Was sind das doch für tiefe Gedanken von Paulus über das neue Leben, das wir von Jesus geschenkt bekommen haben!

Was haben wir doch für einen reichen HERRN, der uns mit hineinnimmt in Sein Erlösungshandeln und der uns Anteil gibt an diesem übernatürlichen Leben,

- ❖ indem Er uns eine ganze neue Sichtweise schenkt über das Leben;
- ❖ indem Er uns Anteil gibt an Seiner Gottesfülle;
- ❖ indem Er unsere Herzen neu macht durch einen geistlichen Eingriff;
- ❖ indem Er uns mit hineinnimmt in Seinen Karfreitag und in Sein Ostern!

„Jesus sorgt für klare Machtverhältnisse!"

1) Er hat die Macht über alle menschlichen, weltlichen und religiösen Lebensentwürfe und Anschauungen!
2) Er hat die Macht über das Ego des menschlichen Herzens!

Und Er hat noch mehr Macht! Eine dritte Entdeckung aus diesem Text:

3) Jesus hat Macht über alle Schuld und Sünde! (Verse 13-14)

a) Grundschuld-Löschung!

Noch mal die Verse 13-14: „Und Gott hat euch mit ihm lebendig gemacht, die ihr tot wart in den Sünden und in der Unbeschnittenheit eures Fleisches, und hat uns vergeben alle Sünden. 14 Er hat den Schuldbrief getilgt, der mit seinen Forderungen gegen uns war, und hat ihn aufgehoben und an das Kreuz geheftet."

Gott hat uns in alles, was am Kreuz und zu Ostern geschah, voll mit eingeschlossen. In allem, was dort mit Christus und durch Christus geschah, haben wir vollen Anteil. Gott hat uns mit Ihm lebendig gemacht. Darauf dürfen wir uns im Glauben voll und ganz stützen.

Lebendig werden, das ist die ganz neue Lebensmöglichkeit! Und das betrifft nicht nur unser äußeres Leben, sondern uns ganz nach Leib, Seele und Geist! Für mich persönlich hängt das ganz eng zusammen mit der Erfahrung und mit der Gewissheit, dass die Schuldfrage zu meinen Gunsten geklärt ist. Alles, was bis heute in meinem Leben schief gelaufen ist, alles, was ich hier und heute immer wieder falsch mache und in den Sand setze, und alles, was ich auch in Zukunft noch verbocken werde ... all das ist mir vor 2.000 Jahren auf dem kleinen Hügel Golgatha vor den Stadtmauern Jerusalems schon vergeben worden! Das ist eine totale Entlastung, das ist eine Riesenbefreiung, das gibt ein völlig neues Lebensgefühl und eine völlig neue Auffassung und Sicht vom Leben. Schuldenfrei leben, weil Christus für mich alles auf sich genommen hat! Noch mal von vorn anfangen, ganz neu. Was für eine Lebensmöglichkeit!

Jesus hat uns am Kreuz die totale Vergebung alle Übertretungen geschenkt! Golgatha hat die Schuld einer ganzen Menschheit „ausgelöscht, abgewischt, ausgestrichen, ausgetilgt." Diese Bedeutungen stehen im Griechischen für Schuldbrief „getilgt". Die Schuld, sie existiert nicht mehr.

Ist es nicht interessant, dass es in Flensburg eine „Verkehrssünderkartei" gibt? Vielleicht kennen das ja einige von euch aus persönlicher Erfahrung. Da werden Strafpunkte gesammelt für Sünden im Straßenverkehr. Irgendwann verjähren die auch wieder und verfallen dann; je nach Schwere des Vergehens dauert die Verjährung unterschiedlich lange.

„Strafe muss sein!" sagt ein Sprichwort, das jedem einleuchtet. Sonst bleibt die „Gerechtigkeit" auf der Strecke!

In den Buchrollen des Altertums wurde nicht „ausgestrichen", sondern „ausgelöscht". Bis heute haben wir das Fachwort „löschen" im Grundbuchwesen behalten: eine Hypothek wird „gelöscht!" Die Frage nach der Vergebung ist die Frage jedes Menschen, dessen Gewissen erwacht ist. Gott vergibt, weil Jesus an unserer Stelle für uns am Kreuz gestorben ist. Das ist unsere einzige Rettung. Vers 14: „Er hat den Schuldbrief getilgt, der mit seinen Forderungen gegen uns war, und hat ihn aufgehoben und an das Kreuz geheftet."

Alles, was gewesen ist, gilt nicht mehr. Die Fülle der Schuld, die zwischen Gott und der Menschheit liegt, ist verschwunden. Die Bahn zwischen Gott und uns ist frei. Er hat uns alles geschenkt. Er hat uns alles erlassen. Geschenke nimmt man an, oder? Kann man auch heute Morgen!

b) Ausgelöscht/07. April/Axel Kühner/Hoffen wir das Beste!

Im Schwabenland gibt es in einer kleinen Dorfkirche ein eindrückliches Deckengemälde aus der Zeit des Barock. Der Maler hat Jesus am Kreuz dargestellt. Davor steht der Teufel mit einem Brief in der Hand. Auf dem Schuldbrief stehen die Sünden der Menschen, die der Teufel Jesus vorhält.

Wie viele Sünden verklagen die Menschen! Sie alle gehören dem Teufel und seinem Verderben. Aber da ist noch ein Engel. Er hat einen Schwamm in der Hand. Mit diesem Schwamm fängt er das Blut und Wasser, das aus der Seitenwunde Jesu tropft, auf. Mit dem Schwamm löscht er die Sünden der Menschen im Schuldbrief aus. Eindrücklich finde ich! Sehr frohmachend, finde ich!

Das ist die gute Nachricht dieses Bildes: Jesu Leiden und Sterben, Sein kostbares Blut sühnen unsere Schuld und löschen unsere Sünden aus. Sie können uns nicht mehr vor Gott verklagen. Wir sind in Jesu Liebe versöhnt und frei. – Und die letzte Entdeckung über die Macht Jesu!

4)   Jesus hat Macht über alle unheimlichen Mächte der Finsternis! (V. 15)

a) Beispiel 1681!
Eine alte Anekdote erzählt, der Teufel habe sich in Wittenberg vor dem Hause Martin Luthers (1483-1546) aufgebaut und drohend zum Fenster, aus dem der Reformator gerade herausschaute, emporgerufen: „Wohnt der Doktor Luther hier?" Darauf kam aus Luthers Mund die Antwort: „Nein, der ist schon lange tot; hier wohnt jetzt der Herr Jesus Christus." Was blieb dem Teufel übrig, als erschrocken den Schwanz einzuziehen und sich davon zu machen.

Diese alte Anekdote fasst gut den Vers 15 zusammen, den letzten Vers aus unserem Predigttext heute. Vers 15 lesen ...

b) Der Teufel ist besiegt!
Der Mensch von damals und der moderne aufgeklärte Mensch von heute ist hoffnungslos religiös. Es „trieft" geradezu von Religion in unserer aufgeklärten modernen heutigen Welt. Der Mensch braucht „Ersatzgötter", wenn er sich von seinem eigentlichen Gott verabschiedet hat. Er braucht seine Astrologie, er redet von „Pechsträhne" und seinem „Glückschwein", er braucht sein „Püppchen" im Auto und sein „Hufeisen" am Haus, das alles soll ihn schützen. Auch ausgehöhlte Kürbisköpfe mit einer Kerze drin im Fenster sollen ihn vor bösen Geistern beschützen.

Er hat Angst vor „Freitag, dem 13.ten", usw. Der „Okkultismus" beschäftigt viele, Wissenschaftler und Laien, die Astrologie nimmt in den Zeitungen einen breiten Raum ein. Man hat wieder Sinn für das „magische Denken." Je mehr man sich von Gott verabschiedet, desto mehr nehmen die anderen Geister zu! E. Geibel: „Glaube, dem die Tür versagt, steigt als Aberglaub durchs Fenster. Habt die Gottheit erst verjagt, kommen die Gespenster."

Für mich sind das alles Beweise dafür, dass der Mensch auf der Suche nach einem Halt und nach einer letzten Geborgenheit ist. Er sucht Gott und weiß es gar nicht! Und deswegen gibt's Gemeinde, um zu helfen!

Und jetzt kommt Paulus und sagt: „Hey, ihr Christen in Kolossä und überall auf der Welt. Jesus hat durch Karfreitag und Ostern alles Widergöttliche und Satanische besiegt und in die Tonne gekloppt!

In Christus am Kreuz hat Gott diesen unheimlichen Mächten alle ihre Macht genommen und sie ausgezogen, d. h. ihnen alle ihre Waffen und Rechte abgenommen. Sie sind grundsätzlich erledigt. Wer in Jesus ist, ist vor ihnen geborgen; sie können ihm nichts mehr anhaben."

Wie ein römischer Feldherr nach einer gewonnenen Schlacht im Triumph seine entwaffneten, machtlosen Gefangenen auf der Triumphstraße in Rom vor sich her trieb – oder sie hinter seinem Siegeswagen gefesselt und angekettet durch die Straßen der Hauptstadt führte, je nachdem, wie es damals üblich war – so hat Gott in einem Triumphzug sondergleichen durch seinen Sohn Jesus Christus über die satanischen Gewalten am Kreuz triumphiert!

Darum ist niemand mehr diesen Mächten verpflichtet. Grundsätzlich haben sie an jeden das Anrecht verloren. Wer im Glauben zu Jesus tritt, ist diesen Mächten entnommen. Sie haben an ihn kein Anrecht mehr, weil er in Christus ist.

Es mag sein, dass noch Versuchungen und Anfechtungen durch jene unheimlichen Kräfte und Mächte an die Christen gelangen, aber grundsätzlich sind diese Mächte entmachtet, weil Christen auf der Seite des Siegers Jesus Christus stehen! Amen? Amen!

c) Beispiel 1763

Noch einmal Martin Luther: „Ich bin für Satan so viel (wert), als wenn ein Glas Bier vor ihm stünde, und er hätte großen Durst, und Gott setzt's ihm vor die Nase, dennoch soll, kann und will er's nicht anrühren, weil Gott seine Gnade hineingenossen hat." Kein Bier, sondern Gnade! Das schmeckt ihm gar nicht!

Christen schicken Jesus an die Tür, wenn der Teufel bei ihnen anklopft!

d) Wiederholung

„Jesus sorgt für klare Machtverhältnisse!" - war unser Thema heute Morgen.

1) Er hat Macht über alle menschlichen, weltlichen und religiösen Lebensmodelle!
2) Er hat Macht über das Ego des menschlichen Herzens!
3) Er hat Macht über alle Schuld und Sünde!
4) Er hat Macht über alle unheimlichen Mächte der Finsternis!

Amen!

---

10. Kolosser 2,16-23 – Jesus ist das Ende aller religiösen Bemühungen

a) Einstieg: Beispiel 80:

Der Theologie-Professor Adolf Schlatter wurde einmal gefragt, was das Christentum eigentlich Neues habe gegenüber älteren Religionen und anderen philosophischen Systemen. Er antwortete: „Christus!"

Gute und edle Gedanken haben Menschen auch vorher schon gedacht. In allen Völkern ahnt der Mensch, dass es ein höheres Wesen über uns gibt, und sucht mit ihm Kontakt, oft unter großen Anstrengungen und Opfern. Man streckt sozusagen die Hand nach oben aus. Das ist schon mal die richtige Richtung: nach oben. Aber nur an einer Stelle reicht Gott uns von oben her seine Hand, dass wir sie fassen können. Diese ausgestreckte Hand Gottes heißt Jesus Christus! Er allein ist die Erfüllung unserer tiefsten Sehnsucht.

Der Musiker Peter Maffay redet in seinem neuen Buch „Hier und Jetzt" auch über seine Beziehung zu Gott. Den Glauben nimmt er mit auf Tournee. Peter Maffay: Je älter ich werde, desto mehr denke ich über die Vergänglichkeit nach, über den Sinn des Lebens und über Gott. In der Bibel heißt es: „Alles im Leben hat seine Zeit." Das stimmt. Das ist eine Aussage, mit der ich viel anfangen kann. Deshalb haben wir sie vor einigen Jahren als Titel für ein Lied genommen. „Der Glaube spielt eine große Rolle in meinem Leben." Er ist wie ein Leuchtturm, eine Orientierungshilfe. Es gibt natürlich auch Menschen, Umstände und Erlebnisse, die mich bewegen und beeinflussen, aber über allem steht eine höhere Instanz: Gott." – Soweit Peter Maffay.

Alle Religionen sind die ausgestreckten Arme der Menschen nach Gott – Jesus Christus ist der eine ausgestreckte Arm Gottes, herunter zu uns Menschen!

b) Bibeltext und Thema

Um diese großartige Wahrheit geht es im Kolosserbrief; und ich würde gern heute mit meiner Predigtreihe über den Kolosserbrief Fortsetzung machen ... und lese uns dazu Kolosser 2,16-23 ...

Thema: „Jesus ist das Ende aller religiösen Bemühungen!" :/ - Darum geht es hier in diesem Text. In den Versen vorher ging es darum...

* In Jesus wohnt die ganze Fülle der Gottheit leibhaftig!

* In Jesus gibt es eine neue Identität für uns Menschen! Wir leben in der Kraft Seiner Auferstehung ein neues Leben! Und das wird durch die Taufe des Glaubens bekannt.

* In Jesus ist der Schuldbrief getilgt, der mit seinen Forderungen gegen uns war! Unsere Schuld – alles, was wir in den Sand gesetzt haben; alles Versagen, alles Trennende – hat Er mit Seinem stellvertretenden Leiden und Sterben am Kreuz auf Sich genommen! Das ist die „Gute Nachricht" auch heute Morgen: Unsere Schuld ist längst vergeben!

* In Jesus hat Gott auch die Mächte und Gewalten ihrer Macht entkleidet und sie öffentlich zur Schau gestellt und hat einen Triumph aus ihnen gemacht in Christus! Alles Böse und auch der Böse ist besiegt!

Jesus ist das Ende aller religiösen Bemühungen!

Und dazu zwei wesentliche Gedanken aus diesen Versen, die ich eben gelesen habe:

1) Keine Gesetzlichkeit mehr! (Verse 16-19)
2) Keine Verweltlichung mehr! (Verse 20-23)

Jesus ist das Ende aller religiösen Bemühungen!
Erstens:

1) Keine Gesetzlichkeit mehr! (V. 16-19)

a) Die Situation und Gesetzlichkeit damals in Kolossä!

Paulus schreibt hier an Christen, die aus dem Judentum kamen oder vom jüdischen Gesetzes-Glauben stark beeinflusst wurden. Und da hält er dagegen: Wenn in Jesus Christus – wenn in Ihm – die ganze Fülle des neuen Lebens aus Gott seiner Gemeinde gegeben ist, dann mutet es wie Kindereien an, wenn man neben diesem großen Geschenk Gottes die Quellen der Gemeinschaft mit Gott und des neuen Lebens in irgendeinem armseligen Fastengesetz, in der Abhaltung eines bestimmten Festes oder in der Ordnung gewisser Feiertage finden will. Alle diese Dinge gehören der Sphäre der menschlichen Religion an.

Kleiner Einschub: Ihr und ich wisst, dass Fasten und Beten durchaus eine gute evangelische Übung sein können, um sich besser zu konzentrieren und auf Gott auszurichten! Keine Frage. Aber das Gesetz, das ja eigentlich immer noch „heilig, gerecht und gut ist" (Röm. 7,12) ist als Heilsweg – wofür es eigentlich auch nie gedacht war – ein für alle Mal überholt und erledigt! Die Wirklichkeit des neuen Lebens ist jetzt in Ihm voll und ganz da. Darum ist Jesus die einzige Lebensgrundlage seiner Gemeinde.

- ❖ Du kannst und darfst alles essen, was dir schmeckt.
- ❖ Du kannst und musst dir durch auferlegte Vorschriften den Himmel nicht verdienen. Den gibt es nur geschenkt. Durch den Glauben.
- ❖ Die Beziehung zu Jesus ist ausreichend und genügt völlig!

Durch Jesus Christus ist das alles – die ganze Gesetzlichkeit – völlig überholt!

Auch die jüdische gesetzliche Frömmigkeit, wie Speisevorschriften, das Festhalten an bestimmten Feiertagen, und auch die strenge Einhaltung des Sabbats, all das ist Vergangenheit, ist erledigt und bestenfalls ein Schatten des Zukünftigen! All diese Dinge weisen auf Jesus hin! All diese Dinge waren die Schatten der kommenden Wirklichkeit, die mit Jesus Christus Gestalt gewann. Und vom Schatten kann man nicht leben!

Da gab es im Alten Bund den Hohenpriester, der jedes Jahr für das Volk opferte und doch nicht wirklich die Schuld des Volkes löschen konnte. Ein Hoherpriester folgte dem anderen. Keiner hat wirklich helfen können. Das waren alles nur Vorläufer, „Schatten" auf den einen großen Hohenpriester, der Jesus Christus heißt und dem es gelungen ist, „für uns" einzustehen und uns freizusprechen von aller Schuld. Ja, noch mehr: „Daher kann er auch für immer selig machen, die durch ihn zu Gott kommen; denn er lebt für immer und bittet für sie." Hebr.-Brief

Einst gab es eine Stiftshütte und einen Tempel aus Stein, in denen man anbetete und die Stätte der Offenbarung Gottes waren. Und doch vermag kein Bau aus Stein wirklich Gottes Wohnung zu sein. Gott wohnt nur in lebendigen Menschen durch Seinen Heiligen Geist! Nun ist der wirkliche Tempel da: die neue Gottesgemeinde, die Jesus Christus gegründet hat und gestaltet.

Sie ist bis heute die Stätte der Gegenwart Gottes, die Stätte der Offenbarung Gottes. In ihr wohnt der lebendige Gott selbst! Ob in der letzten Zeit noch einmal ein messianischer Tempel in Jerusalem gebaut wird; darüber streiten sich manche Frommen. Ich lass mich einfach mal überraschen.

Einst brachte man unzählige Tier-Opfer, die doch alle nicht den Frieden mit Gott herstellen konnten. Auch sie waren ein „Schatten" auf das eine große Opfer auf Golgatha, durch das wirklich Friede zwischen Gott und Mensch geworden ist! – So haben die gottesdienstlichen Formen des Alten Bundes den Menschen echte Begriffe eingeprägt: Hoherpriester, Tempel, Opfer und vieles andere. Auch der Sabbat gehört dazu. Er wurde schon von der Urgemeinde abgelöst durch den Sonntag, den ersten Tag der Woche, dem Auferstehungstag Jesu am Ostermorgen.

- ❖ Mk. 16,9: Als aber Jesus auferstanden war früh am ersten Tag der Woche, erschien er zuerst Maria Magdalena, von der er sieben Dämonen ausgetrieben hatte. Joh. 20,1: Am ersten Tag der Woche kommt Maria Magdalena früh, als es noch finster war, zum Grab und sieht, dass der Stein vom Grab weggenommen war.
- ❖ Apg. 20,7: Am ersten Tag der Woche aber, als wir versammelt waren, das Brot zu brechen, predigte ihnen Paulus, und da er am nächsten Tag weiterreisen wollte, zog er die Rede hin bis Mitternacht.
- ❖ Christen haben den Sabbat durch den Sonntag abgelöst, um Gottesdienst und das Abendmahl zu feiern. Der erste Tag der Woche ist der Sonntag. Jeder Sonntag feiert Ostern! Darum hängen in den Gemeindehäusern von FeGs leere Kreuze an der Wand. Das Kreuz ist leer! Jesus lebt! Das sollen wir ständig vor Augen haben!

Hoherpriester, Tempel, Opfer, Sabbat und vieles andere sind Vorläufer, sind nur Schatten! Und vom Schatten kann man nicht leben!

Jesus ist das Ende aller religiösen Bemühungen!
Gesetzlichkeit ist nicht mehr nötig!   2 Folien!

b) Gesetzlichkeit „nein" – Gebote und verbindliche Nachfolge „ja"!
Jesus ist das Ende aller religiösen Bemühungen!
Gesetzlichkeit ist nicht mehr nötig! Gesetzlichkeit „nein" danke, aber Gebote und verbindliche Jesusnachfolge „ja" bitte!

Welche Aufgabe hat denn das Gesetz? Durch das Gesetz und die Gebote im AT werden uns Christen heute 3 wichtige geistliche Funktionen mitgeteilt:

- Das Gesetz wirkt wie ein Riegel, wie eine Schutzwand: Bis hier hin und nicht weiter! Beispiele: Du sollst nicht stehlen! Du sollst nicht Falsches über deinen Nächsten weitersagen! Usw. Das bekommt dir nicht. Dadurch entstehen nur Schwierigkeiten.
- Das Gesetz wirkt wie ein Spiegel, wie eine Röntgenkammer. Dadurch werden die Krankheitsherde aufgedeckt. Dadurch entdecken wir, wo wir Hilfe und Heilung benötigen. Das Gesetz und die Gebote decken auf … und stellen gleichzeitig eine Überweisung aus in die Hände des guten Arztes Jesus Christus!
- Und das Gesetz wirkt wie eine Regel. Ohne Straßenverkehrsordnung wäre manches schwerer. Ohne Gesetz und Ordnung, ohne das Grundgesetz gäbe es Anarchie und politisches Chaos.
- Riegel – Spiegel – Regel = auf diese Weise ist das Gesetz, sind die Gebote heilig, gerecht und gut!

c) <u>Halte dich an das Haupt des Leibes, an Jesus Christus!</u>

Die Gemeinde Jesu Christi gründet sich nicht auf Schatten, sondern auf Christus! Echte Seelsorge führt nicht zu den Schatten, sondern zu dem Einen, in dem das Wirkliche da ist.

So stehen wir in einer großen Freiheit. Wir sind frei _von_ allen Formen und frei _für_ alle Formen!

Wir sind frei _von_ allen Formen und können zugleich _auf_ alle Formen eingehen, die dem Leben aus Christus den Weg ebnen! Und Jesus selbst hat diese neue großartige Freiheit zusammengefasst mit den Worten: »Du sollst den Herrn, deinen Gott, lieben von ganzem Herzen, von ganzer Seele und mit all deiner Kraft und deinem ganzen Gemüt, und deinen Nächsten wie dich selbst« Lk. 10,27 (5. Mose 6,5; 3. Mose 19,18).

„Wenn ich nicht mehr unter dem Gesetz bin, sondern unter der Gnade, kann ich endlich tun und lassen, was Jesus Christus will!" :/

So der Theologie-Professor Hans-Joachim Eckstein.

Der Kopf steuert den ganzen Leib. Jesus ist unser Haupt! Vom Ihm aus erster Hand sind die Impulse, die uns helfen, ein Gemeindeleben nach Seinem Willen und Seinen Vorstellungen zu gestalten! Vers 19

Für das Leben der Gemeinde ist nur eins wichtig, dass sie sich mit allem, was sie ist, an das Haupt hält und in nichts anderem Grund und Stütze ihres Gemeindelebens sucht. Ihr ganzes Wachstum kommt aus dem Zusammenhang mit dem Haupt Christus. Und wo der Zusammenhang mit dem Haupt lebt, da gibt es auch Lebensentfaltung und Lebensentwicklung. Vers 19 lesen …

Und da kann es auch gar nicht ausbleiben, dass Menschen von diesem Leben angezogen werden und zu der „Geburt von oben" kommen, die sie in Christus und in die Gemeinde einwurzelt. Eine Gemeinde des Christus, die aus dem Haupt lebt und darum besorgt ist, dass jeder seinen Weg findet und im Leben mit Christus bleibt, wird nicht verkümmern, sondern das Wachstum Gottes erleben und erfahren, dass viele Menschen sie als Heimathafen entdecken, wo sie gern andocken wollen!

Das „Haupt" muss immer die Hauptsache bleiben!

d) <u>Verliere das Ziel deines Glaubens nicht aus den Augen!</u>

Auch darum, weil uns ein großartiges Ziel verheißen ist: Der Siegespreis, der Himmel, die ewige Herrlichkeit!

Darum schreibt hier Paulus in den Vers 18: „Lasst euch den Siegespreis von niemandem nehmen ...!"

<u>Beispiel 1500.</u>

Olympiade 1972. Es gab die erste Goldmedaille für Deutschland. Die strahlende Siegerin stand auf dem Siegertreppchen zwischen ihren Rivalinnen, aber eine Stufe höher als sie.

Nur eine Stufe, aber dieser kleine Unterschied bedeutete nicht weniger als der zwischen oben und unten, zwischen Sieg und Niederlage.

Die ersten Klänge der Hymne ließen sich vernehmen, da zog die Siegerin ihre beiden Rivalinnen auf dem Silber – und Bronzetreppchen zu sich hinauf auf das Goldtreppchen. In diesem Augenblick wurde mir das Symbol irdischer Siegerehrung zum Gleichnis der himmlischen: Im Reich Gottes wird die Herrlichkeit Christi auch die unsere sein, weil es Ihm gefällt, Seine Ehre mit uns zu teilen. (Carl Heinz Peisker, 1930-1980).

Und das Großartige ist, bei Gott gibt es für jeden Christen, der das Ziel seines Glaubens erreicht, die Goldmedaille, den 1. Platz!

„Lasst euch den Siegespreis von niemandem nehmen ...!"

<u>Beispiel 1992.</u>

Im Krankenhaus sitzt eine Schwester am Sterbebett eines dreiundzwanzigjährigen jungen Mannes. Die Eltern haben ihn abgeschoben, weil sie das Sterben nicht ertragen können. Und die Schwester, eine jener „alten Tanten", über die er immer gelacht hat, diese Schwester hält die Brosche mit dem Kreuz hin und sagt: „Weißt du das eigentlich" – und sie duzt ihn –, „weißt du das eigentlich, Matthias, das ist für dich, damit du jetzt sterben kannst!" – Und sie lügt ihm nichts vor wie der Arzt. Plötzlich richtet sich der junge Mann auf und fragt: „Schwester Martha, ist das wahr, für mich?" – „Ja, das ist für dich, und jetzt wollen wir noch miteinander beten!" (Klaus Vollmer)

„Lasst euch den Siegespreis von niemandem nehmen ...!"

<u>Beispiel 1995.</u>

Die Hoffnung auf das ewige Leben hat eine ganz lebendige Unterschrift: das Kreuz von Golgatha und das leere Grab am Ostermorgen. Wo Gott so handgreiflich A sagte zu uns Menschen, da wird Er auch noch B sagen.

Darum sagt Paulus hier auch in Vers 18: „Lasst euch den Siegespreis von niemandem nehmen!"

Jesus ist das Ende aller religiösen Bemühungen!
Erster Gedanke: Keine Gesetzlichkeit mehr!
Ein zweiter und letzter Gedanke aus diesem Abschnitt heißt:

2) Keine Verweltlichung mehr! (Verse 20-23)

a) Das Wesen der Welt!

Die größte Gefahr für die Christen in der westlichen Welt ist nicht die Verfolgung, sondern die Verführung!

Und besonders auch die Verweltlichung! Verweltlichung passiert dann, wenn man dem Zeitgeist Tür und Tor öffnet und die Wertmaßstäbe der Welt in die Gemeinde hineinholt! Das ist der Tod im Topf!

„Das tun doch alle! Das darf man heute nicht mehr so eng sehen!" Zum Beispiel das mit der Ethik und der Sexualität: Zusammenziehen und Zusammenleben vor der Ehe, usw.! – Das wir uns da nicht vergucken, ihr Lieben! Sexualität außerhalb der Ehe ist und bleibt nach dem Zeugnis der Bibel Sünde! Punkt. Ob uns das gefällt oder nicht, das ist so!

Oder kurz nach Pfingsten, kurz nach der Geistausgießung, versuchen zwei Christen – Ananias und Saphira – den Heiligen Geist zu belügen und werden prompt durch Petrus ins Jenseits befördert! Ob das der Himmel ist, wage ich zu bezweifeln. Heuchelei, so tun als ob, das kommt nicht durch bei Jesus!

Keine Verweltlichung mehr! Und was das genau ist, beschreibt der Apostel Johannes in seinem 1. Brief, Kap. 2,15-17: „15 Liebt nicht diese Welt und hängt euer Herz nicht an irgendetwas, das zu dieser Welt gehört. Denn wer die Welt liebt, kann nicht zugleich Gott, den Vater, lieben. 16 Was gehört nun zum Wesen dieser Welt? Selbstsüchtige Wünsche, die Gier nach allem, was einem ins Auge fällt, das Prahlen mit Wohlstand und Macht.

All dies kommt nicht von Gott, unserem Vater, sondern gehört zur Welt. 17 Die Welt aber mit ihrer Unersättlichkeit wird vergehen. Nur wer tut, was Gott will, wird ewig leben." (Fortsetzung: 1. Joh. 2,15-17)

- Selbstsüchtige Wünsche,
- die Gier nach allem, was einem ins Auge fällt,
- das Prahlen mit Wohlstand und Macht,
- all das führt am Leben mit Christus vorbei und ist eine Sackgasse!

Keine Verweltlichung mehr! An dieser Stelle muss die Gemeinde Jesu aufpassen! An dieser Stelle ist sie sehr gefährdet! Besonders in der westlichen Welt. Denn sie hat die „Welt" im Wohnzimmer, in Gestalt des Fernsehers und auch in Gestalt der digitalen Medien und des Internets!

Eine Gemeinde, die an dieser Stelle nach allen Seiten offen ist, kann nicht ganz dicht sein, verweltlicht und hat ihre Bestimmung verloren! Sie verliert ihre Leuchtkraft und sie verliert ihre Würze! Sie wird bedeutungslos für Jesus, und Er wird auch keine neuen suchenden Menschen mehr vorbeischicken!

b) Johannes 17,9-11.14-18!

Und weil Jesus das wusste, betete er ein langes Gebet, das längste, das wir in der Bibel von Ihm überliefert haben. Und er betet darin nur für seine Jünger. Es steht in Johannes 17 … Und da heißt es zum Beispiel:
„9 Ich bitte für sie. Nicht für die Welt bitte ich, sondern für die, die du mir gegeben hast, denn sie sind dein. 10 Und alles, was mein ist, das ist dein, und was dein ist, das ist mein; und ich bin in ihnen verherrlicht.
11 Und ich bin nicht mehr in der Welt; sie aber sind in der Welt, und ich komme zu dir.

Heiliger Vater, erhalte sie in deinem Namen, den du mir gegeben hast, dass sie eins seien wie wir. 14 Ich habe ihnen dein Wort gegeben, und die Welt hasst sie; denn sie sind nicht von der Welt, wie auch ich nicht von der Welt bin. 15 Ich bitte nicht, dass du sie aus der Welt nimmst, sondern dass du sie bewahrst vor dem Bösen. 16 Sie sind nicht von der Welt, wie auch ich nicht von der Welt bin. 17 Heilige sie in der Wahrheit; dein Wort ist die Wahrheit. 18 Wie du mich gesandt hast in die Welt, so habe auch ich sie in die Welt gesandt." (Fortsetzung aus Johannes 17)

So intensiv betet Jesus für Seine Jünger in dieser Welt! Jesus bittet nicht seinen Vater darum, dass Er Seine Jünger alle aus der Welt nimmt, sondern dass Gott sie bewahren möge. Die Bibel selbst spielt dabei eine wichtige Rolle. Vers 17: „Heilige sie in der Wahrheit; dein Wort ist die Wahrheit." – Die Jünger werden also nicht von Gott aus der Welt weggebeamt, sondern bewahrt durch den Einfluss der Heiligen Schrift, der Bibel. Sie haben noch einen wichtigen Auftrag zu erfüllen! Vers 18: „Wie du mich gesandt hast in die Welt, so habe auch ich sie in die Welt gesandt."

Und darum auch Matthäi am Letzten: „Geht hin in alle Welt und verkündigt das Evangelium allen Völkern!" Matth. 28,16-20 – Bevor ich damit gleich zum Schluss komme, noch ein Tipp von Paulus aus unserm Text heute, wie man sich als Christ wirkungsvoll gegen den Einfluss der Welt zur Wehr setzen und schützen kann.

c) Wir sind für die Welt gestorben – und die Welt ist für uns gestorben!

Der Tipp steht hier in Vers 20 und hört sich *so* an: „Wenn ihr nun mit Christus den Elementen der Welt gestorben seid, was lasst ihr euch dann Satzungen auferlegen, als lebtet ihr noch in der Welt...“

Paulus sagt hier: Wir sind alle mit Christus gestorben und alle mit Christus auferstanden. Das ist eine geschichtliche Tatsache, die vor 2000 Jahren geschehen ist, und die im Grunde allen Menschen gilt!

Manchmal sagen Menschen über andere Menschen: „Der oder die ist für mich gestorben!“ Bestimmt schon mal gehört, oder? Von unserem Thema heute im Blick auf unser Verhältnis zur Welt heißt der Satz dann: Die Welt ist für mich gestorben! Sie existiert nicht mehr für mich!

Im Galaterbrief hat Paulus mal geschrieben: „Ich rühme mich allein des Kreuzes Jesu, durch den mir die Welt gekreuzigt ist – die Welt ist für mich gestorben, und umgekehrt – und ich bin der Welt gekreuzigt!“ Galater, 6,14. Das heißt dann: Ich bin für die Welt gestorben!

Das heißt: Auch für diese Welt existiere ich nicht mehr! Die klopft an meine Tür und ich kann nicht aufmachen! Wie denn auch? Ich bin für sie gestorben! Und ein Toter kann nicht an die Tür gehen und aufmachen. Niemand ist von der Welt so geschieden wie ein Gestorbener! Wir sind mit Jesus gestorbene Leute, an die keiner irgendwelche Ansprüche geltend machen kann! Das ist in Wahrheit das Ende aller Religion. Damit sind wir weg von den Grundelementen der üblichen religiösen und der säkularen Welt!

❖ Die Welt ist für mich gestorben! Sie interessiert mich nicht mehr!

❖ Und ich bin für die Welt gestorben! Ich bin tot für sie! Sie kann nichts mehr von mir fordern! Sie kann mich mal!

Was für ein großartiges Evangelium! Ganz praktisch bedeutet das: Wenn die Welt ihren Anspruch bei uns geltend macht, können wir dagegenhalten: „Du bist für mich gestorben – und ich bin für dich gestorben!"

d) Der Auftrag an der Welt

Das „Haupt" muss immer die Hauptsache bleiben! „Die Hauptsache ist, dass die Hauptsache die Hauptsache bleibt", hat einmal der Pfarrer und Gründer des theologischen Seminars gesagt, auf dem ich Theologie studiert habe. Er hieß: Theophil Krawielitzki (1866-1942). Den Namen muss man sich nicht merken, aber das Zitat ist gut, finde ich: „Die Hauptsache ist, dass die Hauptsache die Hauptsache bleibt!"

Und Theophil Krawielitzki meinte damit: Es geht um Seelenrettung! Es geht um Mission! Es geht um Jesus und sein wunderbares Evangelium für jeden Menschen! Bis an sein Lebensende betonte Krawielitzki immer wieder die Vorrangstellung der Evangelisation, und er war damit ganz dicht dran am Herzen Gottes. Er hat die Liebe Gottes, die Leidenschaft Gottes für verlorene Menschen, die Ihn noch nicht kennen und gefunden haben, verstanden!

Das meint übrigens auch Paulus hier in unserem Text heute:

▪ Bitte keine Gesetzlichkeit mehr!

▪ Bitte keine religiösen Selbsterlösungen mehr!

- Bitte keine Vorschriften und Regeln mehr, die an Jesus vorbeiführen!
- Bitte keine wundersamen und fantastischen Sonderlehren mehr, die an Jesus vorbeiführen! All das ist ein für alle Mal vorbei!
- Bitte auch keine Verweltlichung mehr!
- Das Haupt muss immer die Hauptsache bleiben: Jesus allein ein und alles, der Lebenszusammenhang mit Jesus, dem Haupt, ein und alles!
- Der Herzschlag der Liebe Gottes für alle Menschen, ein und alles, das hat ihn – Paulus – zum großen Völkerapostel werden lassen!

Der amerikanische Missionar, Pastor und Bestsellerautor aus Amerika – Max Lucado – hat einmal gesagt:

„Wenn Menschen, die zum Fischen berufen sind, nicht fischen, dann streiten sie. Wenn Energie, die für draußen vorgesehen ist, im Inneren eingesetzt wird, ist das Ergebnis explosiv." – Dazu passt der Satz: Eine Gemeinde, die nicht mehr auf die Welt zugeht, geht aufeinander los!

Es gibt die Freie evangelische Gemeinde Neustadt nur aus einem einzigen Grund: Um es den Menschen in Neustadt und Umgebung so schwer wie möglich zu machen, in die Hölle zu kommen! :/

Darum: Freie evangelische Gemeinde Neustadt verliere nicht aus den Augen, wozu dich Gott beauftragt hat! Dann wirst du auch den Siegespreis davontragen!

e) <u>Zusammenfassung!</u>

Jesus ist das Ende aller religiösen Bemühungen!

1) Keine Gesetzlichkeit mehr! (Verse 16-19)
2) Keine Verweltlichung mehr!

Stattdessen gibt es das Haupt, und das muss immer die Hauptsache bleiben! „Die Hauptsache ist, dass die Hauptsache die Hauptsache bleibt!" Leidenschaftliche Mission, um Menschen in dieser Welt zu Jesus einzuladen und mit dem Vater im Himmel bekanntzumachen!

Amen!

---

11. Kolosser 3,1-17 – Unser Lebensstil heißt Jesus

a) <u>Einstieg:</u>

Wenn ihr zu wählen hättet zwischen Flugzeug und Schiff, um zu verreisen? Was würdet ihr vorziehen? … Antworten lassen …

Ja, manche mögen es nicht so, sicheren Boden zu verlassen und abzuheben. Manche scheuen den Flug in großer Höhe.

Wenn man „Höhenflug" bei Google eingibt, kann man 3 Bedeutungen in den entsprechenden „Wörterbüchern" finden:

1) Flug in großer Höhe
2) großer, meist zeitweilig anhaltender Erfolg
3) meist ironisch: abwegige, irrsinnige Gedankengänge

Also *eine* wortwörtliche Übersetzung und *zwei* übertragene Bedeutungen. Ich habe euch mit dem heutigen Predigttext so einen „Höhenflug" mitgebracht im „übertragenen" Sinne. Das sind aber keine abwegigen und irrsinnigen Gedankengänge, sondern das ist Heilige Schrift, und die steht im Kolosserbrief in Kolosser 3,1-17, und die hört sich *so* an…

Ich lese uns Kolosser 3,1-17…

b) <u>Hinführung …</u>
Schwierige, z.T. unverständliche, von christlichem Wortschatz reichlich durchtränkte und befrachtete Sätze, die wir da gerade gehört haben. Sätze, die der Apostel Paulus an die Kolosser geschrieben hat.

Wenn man diese – besonders ersten – Verse so auf sich wirken lässt, hat man den Eindruck, hier holt einer weit aus. Hier trumpft einer groß auf. Hier blickt einer tief durch. Und hier hebt einer richtig doll ab.

Paulus stellt mit diesen Versen die Gemeinde in Kolossä und die weltweite Gemeinde Jesu Christi – und Neustadt gehört auch dazu – auf den Felsen, auf dem sie faktisch schon längst steht.

- Genau genommen haben Christen schon einen Fuß im Himmel!
- Genau genommen sind Christen schon oben angekommen!

c) Thema
Thema heute Morgen: „Unser Lebensstil heißt Jesus!" :/

Dazu möchte ich euch die drei wichtigsten Gedanken und Aussagen aus diesem Text weitergeben, die ich entdeckt habe.   Sie heißen:

1. Auf den Himmel programmiert!
2. Das Alte ablegen!
3. Das Neue anziehen!

„Unser Lebensstil heißt Jesus!"
Und eine *erste* Entdeckung aus dem Text heißt:

1) Auf den Himmel programmiert! (Verse 1-4)

a) Unser Stand in Christus!
Ich lese uns noch mal diese ersten 4 Verse … Ganz schön abgehoben, finde ich. Paulus schreibt hier: „Ihr seid nun mit Christus auferstanden." Und vorher sind wir natürlich auch „mit Christus gestorben!" Vers 3.

Die Zeitform im griech. Grundtext (Aorist) meint:

- die Tatsächlichkeit eines Geschehens ... einfürallemal,
- den völligen Abschluss eines Geschehens,
- eine Handlung wird fertig, wird vollendet,
- das ist alles wirklich geschehen in der Vergangenheit,
- das ist ein biblisches Bezeugen göttlicher Tatsachen.

Mit Christus gekreuzigt, begraben und auferweckt, das ist unsere Lage, unsere geistliche Situation! Das ist die große neue Lebensmöglichkeit! Jesus unser Lebensstil! Was am Ostermorgen durch Gottes Kraft geschah, gibt uns Christen heute eine ganz neue Möglichkeit und Art zu leben. Dieses Leben, das in Christus lebt, ist nun für uns alle da! Wir sind in die Ostertat Gottes, die Er an Christus vollzog, ganz mit eingeschlossen!

Durch die Auferstehung Jesu Christi von den Toten, sind die Christen in einen *himmlischen Stand* versetzt worden. Faktisch sind wir schon da, wohin wir eigentlich noch unterwegs sind. Das ist so! *Wir sind mit unserem ganzen inneren Menschen schon oben angekommen!* Das darf und soll unser frohes Glaubensbekenntnis sein! Wir sind „auferweckt" vom Tode, und zwar in dem Augenblick, wo Jesus Christus der HERR unseres Lebens wurde, wo wir Christen wurden.

Das dürfen wir allem entgegenschleudern, was uns anficht: dem Satan, dieser Welt, unseren Begierden, unserem Temperament. Die alle sollen es gefälligst zur Kenntnis nehmen, was *mit uns* und *an uns* „von oben her" geschehen ist. *Dahinter soll und muss und braucht kein Kind Gottes zurück gehen!* Ist das nicht großartig? Ist das nicht wunderbar?

Halleluja, gelobt sei Gott für diesen Zuspruch!

- Lieber Mann, liebe Frau, ein Teil von dir – der ganze innere Mensch – ist schon oben angekommen!
- Dein „alter sündiger" Mensch ist „lebendig tot"; er ist verschlossen für das ewige Leben aus Gott.
- Und so aktiv das „Alte" auch noch ist und aussieht, es ist zum Tode verurteilt, ja es ist sogar schon begraben. Im Taufwasser ist es einfürallemal beerdigt worden!

Das ist unser Stand in Christus! Halleluja!

Und diejenigen unter uns, die „gläubig" getauft worden sind, haben das in der Taufe öffentlich bekannt!

- Den „alten Menschen" ohne Gott habt ihr im Taufwasser gelassen, beerdigt; der existiert nicht mehr! Aus und vorbei!
- Der „neue Mensch" ist mit dem auferstandenen Christus aus dem Taufwasser herausgestiegen.
- Und diese befreiende geistliche Wahrheit gilt auch all denen, die als Kinder getauft worden sind und das so im Nachherein für sich im Glauben in Anspruch nehmen.
- Bei der Glaubenstaufe kann man es nur bewusster wahrnehmen und auch öffentlich bekennen: „Mein Leben ist neu geworden; ich bin mit Christus gekreuzigt, gestorben, begraben und auferstanden!

Lebe doch aus dieser neuen befreienden Wahrheit, aus dieser neuen befreienden Wirklichkeit! Faktisch leben wir doch längst schon *in* und *aus* der Auferstehungswirklichkeit, der Neuschöpfung Gottes, die bei der Wiederkunft Jesu Christi am Ende der Zeiten vollends zu Tage tritt.

b) Kein Anspruch ohne Zuspruch! (Heiligung konkret)

Wenn wir manchmal vor den Idealen eines vollkommenen Christen zurückschrecken, sollten wir uns das wirklich bewusst machen: Es gibt im NT keinen Anspruch ohne Zuspruch! :/

Und darum stellt das Paulus hier ganz bewusst an den Anfang. Bevor er die Gemeinde ermutigt, anders zu leben, sagt er ihr erst mal, was Gott getan hat, um dieses „neue Leben" erst zu ermöglichen. Unser Stand in Christus steht am Anfang, und dann kommt erst „Lebensstil Heiligung!"

- „Seid ihr nun mit Christus auferstanden, so sucht, was droben ist."
- „Denn ihr seid gestorben, und euer Leben ist verborgen mit Christus in Gott."

Ich habe euch mal 2 Folien mitgebracht, die Heiligung konkret beschreiben.   Von Daniel Bartz - 2 Folien …

c) Vom Suchen und Trachten!

„Darum suche, was droben ist, darum trachte nach dem, was droben ist!"
„Suchen" und „Trachten" betont die ganze Grundeinstellung der Person.
Unser Denken, Wollen und Fühlen ist durch Jesus neu geworden!
Der Christ *denkt*, was Jesus ehrt; der Christ *will*, was Jesus will; der Christ *fühlt* auf Jesus hin, er ist in der Liebe zu ihm entzündet! Unsere Person, unser Sein streckt sich immer wieder aus nach diesem Jesus! „Trachten" und „Suchen" ist kein Befehl, sondern „Einladung", „Ermunterung":
„Besinnt euch auf den, der euer Leben neu und so reich gemacht hat."

Eine neue Lebensweise, eine neue Lebensrichtung ist uns geschenkt, darum „sucht und trachtet nach dem, was droben ist!"

- Das heißt nicht, wir gehen durch die Welt wie Hans-Guck-in-die-Luft im Struwwelpeter;
- das heißt auch nicht, dass wir uns nun in die Einöde zurückziehen und abgeschottet von allem Weltlichen auf den Jüngsten Tag warten.

Das heißt aber, um es in der Sprache des Märchens zu sagen: Ich werde doch nicht länger als Landstreicher herumlaufen, wenn ich – ich wusste nicht, wie mir geschah – plötzlich zum Königskind adoptiert bin.

d) Der Himmel ist uns sicher!

Weil uns der Himmel versprochen und sicher ist - darum leben wir und sind „nach droben" ausgerichtet!

Vers 4: „Wenn aber Christus, euer Leben, sich offenbaren wird, dann werdet ihr auch offenbar werden mit ihm in Herrlichkeit."

„Unser Lebensstil heißt Jesus!" – Es geht immer nur um Jesus!

❖ Auf der Erde sind die menschlichen Religionen!
❖ Auf der Erde geschieht auch die Nachfolge Jesu!
❖ Auf der Erde geschieht auch aller Dienst für Jesus! Keine Frage!
❖ Das alles hat seine wesentliche Bedeutung und Berechtigung!
❖ Aber das eigentliche Leben liegt für uns noch vor uns!

Wir sind als Christen auf den Himmel programmiert! Wir sind gestorben und erledigt mit all unseren frommen Bemühungen und Leistungen.
Jesus hat so viel für uns getan! Darum gehört uns rechtmäßig alles, was Jesus gehört, was Er besitzt.

Der ganze Jesus, der gekreuzigte, begrabene, auferstandene, zur Rechten Gottes sitzende herrschende und wiederkommende Jesus ist unser! - „Unser Lebensstil heißt Jesus!"

e) Verborgen!

„Denn ihr seid gestorben, und euer Leben ist _verborgen_ mit Christus in Gott." (Vers 3)

Und das ist gleichzeitig auch ein Trost für mich aus diesem Text: Ich bin noch unvollendet! Ich bin noch nicht am Ziel! Darum schreibt Paulus hier: „Unser Leben ist _verborgen_ mit Christus in Gott." (V.3) Wir setzen „kleine Zeichen" des Neuseins, die ganze Herrlichkeit steht noch aus.

„Danke, Jesus, dass ich trotz meiner Unvollkommenheit und Fehler weiter in deiner Schule sein darf."

- „Ihr seid gestorben!" Das stimmt. Die Zeitform (Aorist) im Griechischen zeigt einen _endgültigen abgeschlossenen Vorgang_, der in der Vergangenheit liegt. Ein Geschehen ist wirklich zum Abschluss gekommen.
- Aber gleichzeitig sind wir auch noch „im Werden"!
- Eigentlich müsste das „alte Leben" schon längst „liquidiert" sein; eigentlich ist der „neue, der zukünftige Mensch" dem alten immer schon eine Nasenlänge voraus; aber leider merken wir es immer wieder einmal – manchmal sogar sehr schmerzlich – dass der „alte Mensch" immer noch hinter dem „neuen" herläuft.
- Wir wollen auf das „Neue" sehen, nicht auf das „Alte". Wir wollen auf „Jesus" sehen, nicht auf „uns"!

- Darum heißt es ja auch im Hebr.-Brief: „Lasst uns aufsehen auf Jesus, den Anfänger und Vollender des Glaubens." Hebr. 12,2
- Wer das Leben der Christen, ihre Gottesdienste, ihre Gemeinden und Kirchen unter die Lupe nimmt, wird so viel Unvollkommenes, so viel Sünde und Zukurzkommen entdecken und wahrnehmen. Es „menschelt" auch in der Kirche.
- Man braucht den besonderen Blick des Geistes Gottes, der in dem Wiedergeborenen lebt, um durch all diese Verdunkelungen und Verhüllungen hindurch das „verborgene Leben mit Christus" wahrnehmen zu können, das wirklich und tatsächlich da ist und mit dem Christus in dem lebendigen Gott seine Heimat hat.

„Unser Lebensstil heißt Jesus!"

Eine erste Entdeckung aus diesem Text: Auf den Himmel programmiert!

Eine zweite Entdeckung lautet:

2) <u>Das Alte ablegen! (Verse 5-11)</u>

a) <u>Wovon das alte Wesen ohne Christus bestimmt ist!</u>

Ich lese uns die nächsten Verse noch mal, die Verse 5-11 lesen ...

Jetzt geht es konkret darum, die „alten Klamotten" loszuwerden, die uns in unserem „alten Leben" ohne Jesus bestimmt und vielleicht sogar dominiert haben! Die gilt es nun „abzulegen!"

Dazu wird in der Bibel gern das Bild vom „Kleiderwechsel" verwendet! Die alten Klamotten „passen" irgendwie nicht mehr. Und dann werden sie durch „neue Sachen" ersetzt. Das Bild vom „Kleiderwechsel" ist auch deshalb hilfreich, weil das kein „einmaliger Vorgang" ist, sondern das „ganze Leben über" andauert: Ausziehen – Anziehen, immer wieder neu!

Wir sind im „Glauben" unterwegs und darum „üben" wir das in unserem ganzen Leben ein: im Glauben „ablegen" und im Glauben „anziehen"!

Wir wissen es durch unsere eigene Erfahrung: Der „neue Mensch" ist uns immer voraus, aber wir gehen in kleinen eingeübten Schritten diesem „neuen Menschen" hinterher. Wir geben nicht auf! Wir bleiben dran! Jesus will uns verändern! Aber wir müssen das auch zulassen! Wir müssen mit Ihm zusammenarbeiten, wenn Veränderung wirklich geschehen soll!

Welche „alten Klamotten" passen den Christen denn nicht mehr?
Paulus nennt hier 4 Lebensbereiche, die unter den „Einfluss Jesu" positiv geprägt und verwandelt werden können.

- den Bereich der Sexualität,
- der Umgang mit Geld und Besitz,
- der Bereich des Temperaments
- und der Umgang mit der Zunge!

Vier Bereiche, die uns Christen heute sehr herausfordern. *Christsein hat etwas mit dem konkreten Lebensvollzug zu tun!* Vier Bereiche unseres Lebens, wo auch Christen gefährdet sind und auf der Hut sein müssen!

Erster Bereich: Sexualität!
Vers 5: „So tötet nun die Glieder, die auf Erden sind, Unzucht, Unreinheit, schändliche Leidenschaft, böse Begierde ..."
Es geht Paulus gar nicht darum, die „gute Gabe der Sexualität" madig zu machen, er möchte vielmehr auf den gottgewollten Umgang mit der Sexualität hinweisen.

- Die *Sexualität gehört nach dem biblischen Zeugnis ausschließlich in die Ehe!* Nur da hat sie ihren gottgewollten Platz! Da ändert auch die politische Entscheidung „Ehe für alle" nichts daran.
- Sexualität *außerhalb* der Ehe wird mit dem griech. Begriff porneia bezeichnet. Der steht auch hier im Text. Mit dem Wort „Porneia" (Pornographie) wird im NT die *Hurerei* beschrieben, der *Ehebruch* und *jeder Geschlechtsverkehr außerhalb des Segensraumes der Ehe.*
- Aber auch der „geistliche Götzendienst" wird manchmal mit diesem Begriff „porneia" bezeichnet.
- Zur Zeit des NTs hatten die Griechen oft eine Frau zum Kinderkriegen und eine jungen Mann, um ihre Lust zu befriedigen. Darum steht das Wort „Knabenschänder" im NT.
- Im NT wird auch sehr deutlich gegen das *Ausleben der gleichgeschlechtlichen Liebe* gesprochen.
- Man kann sich eigentlich nur wundern, was da von manchen Parteien über Sexualität und Ehe als fortschrittlich propagiert und gesetzlich verankert wird! Das führt zum Verfall einer Gesellschaft!
- Man wird unwillkürlich an ein anderes Bibelwort erinnert: „Gott hat sie dahingegeben zu tun, was nicht taugt" (Röm. 1).
- Das Geschenkt der Sexualität für Eheleute ist eine heilige, reine Gabe Gottes. Und ihre leibliche Gemeinschaft ist reiner, heiliger Ausdruck der inneren Gemeinschaft zwischen Mann und Frau; und auch die Beziehung zwischen Gemeinde und Christus wird mit diesem Bild beschrieben.

- Das sexuelle Leben ist heiliges Land, aus der reinen Hand des Schöpfers hervorgegangen. Alles in ihm ist sauber und klar. Nichts Unreines und Hässliches haftet ihm an.

Das Unreine und Hässliche hat erst der Mensch in dieses heilige Gebiet hineingetragen. Er verwandelte es durch die Macht der Sünde und durch seine Zuchtlosigkeit in ein Sumpfgebiet, in dem Tausende erstickt und untergegangen sind.

Jesus Christus, der Herr seiner Gemeinde, möchte ihr mit seinem Leben zu Hilfe kommen, dass dieses befleckte und versumpfte Lebensgebiet wieder sauber, klar und heilig wird!

Zweiter Bereich: Geld und Besitz!
Christsein wirkt sich auch auf den Bereich des Geldes aus. (Vers 5b) Überraschend ist es, dass Paulus hier als Zweites den Bereich des Besitzes und der Welt folgen lässt.

Für manche ein heikles Thema. Geld kann unheimlich fesseln, ob es wenige Euro oder Tausende sind. Manche gehen an ihrer Habsucht zu Grunde. Auch Christen können hier zu Fall kommen. Darum schreibt hier Paulus in Vers 5: „Tötet auch die Habsucht, die Götzendienst ist." Jesus möchte uns zu Menschen machen, die nicht mehr „Besitzer", sondern „Haushalter" über das sind, was ihnen „anvertraut" ist! : / Wenn irgendetwas sich *nicht* lohnt, dann die „Habsucht". „Habsucht ist Götzendienst", weil sie das Vertrauen in einen „versorgenden Gott" untergräbt.

- Bei einem geregelten Einkommen empfiehlt sich deshalb die „Aufstellung eines Etats".
- Vorschlag dazu: 100 % vom Nettoeinkommen kann man folgendermaßen einteilen: 10 % für Gott, 10 % als Sparkonto für Notfälle, und 80 % zum Leben! Dann kommt man gut aus.
- „Finanzielle Freiheit" heißt die kleine hilfreiche Broschüre von Arndt Schnepper, einem Kollegen von mir, zu diesem Thema.

Dritter Bereich: Unser Temperament!

„Nun aber legt alles ab von euch Zorn, Grimm, Bosheit ..." (V.8)

- Zorn meint die sich einfressende Gemütsbewegung, wenn sich ein Mensch in stiller Wut einem anderen gegenüber verhärtet.
- Grimm bedeutet die „Aufwallung im Affekt", die als wilde, wütende Leidenschaft gegen einen anderen losbricht, unbeherrscht und ungezügelt. Das kann zu tiefen Verletzungen bei anderen führen, die nur sehr langsam wieder ausheilen. Ein theologischer Lehrer von mir hat einmal während einer Vorlesungsstunde gesagt: „Hinter jedem unbeherrschten Wutausbruch kommen dämonische Mächte zum Vorschein." Wenn einer cholerisch veranlagt ist, braucht er hier in besonderer Weise die Zucht des Heiligen Geistes. Aber auch an dieser Stelle gibt es für Jesus keine hoffnungslosen Fälle!
- Bosheit kommt im Griechischen aus der Wurzel „quälen". Jemand ersinnt gegenüber einem anderen etwas Böses, etwas Schlechtes. Das zerstört eine Gemeinschaft nachhaltig.

Unsere Erbmasse und Tiefenstruktur wird durch die „Wiedergeburt" nicht einfach ausgelöscht.

In unserer Erbmasse und Tiefenstruktur bleiben wir die Alten. Aus einem Choleriker wird nicht einfach ein Melancholiker. Und ebenso wenig wird aus einem Phlegmatiker durch die Bekehrung nicht plötzlich ein Sanguiniker, um es mal in dieser alten Typenlehre auszudrücken. Unsere Beziehung zu Jesus und zu unserem Nächsten wird durch die Wiedergeburt neu!

Vierter Bereich: Unsere Zunge!

Und dann kommt dieses kleine Glied am menschlichen Körper, das viel Segen, aber auch viel Schaden anrichten kann, die Zunge. „Nun aber legt alles ab von euch: Zorn, Grimm, Bosheit" … und dann kommt die Zunge ins Spiel … „Lästerung, schandbare Worte aus eurem Munde; belügt einander nicht …", Vers 8
„HERR, nimm du die Schwächen und Stärken meines Temperamentes in deine starken und prägenden Hände und mach was draus." Solche Gebete sind Jesus angenehm.

Der vierte Bereich ist der Bereich der Zunge. Jemand hat in einem Dorf ein übles Gerücht über seinen Pfarrer verbreitet. Irgendwie hat er dann aber sein Verhalten eingesehen, ist zu dem Pfarrer gegangen und hat sich entschuldigt. Der hat ihm vergeben, aber ihn darum gebeten mit einem Sack voller Federn noch einmal zu ihm zu kommen. Er besorgte sich ein Sack voller Federn, die beiden gingen dann in der Kirche hoch oben in den Glockenturm und dort hat der Pfarrer den Sack mit Federn dann ausgeschüttet. Es war gerade sehr windig und die Federn flogen in alle Himmelsrichtungen davon. „So, und jetzt sammele sie alle wieder ein." „Das geht doch gar nicht." „Ja, du hast Recht. Das geht nicht.

Ich habe dir zwar vergeben, aber achte in Zukunft auf deine Worte. Sie sind wie Federn im Wind. Man kann sie nicht mehr zurückholen."
Jakobus spricht von der Zunge als einem kleinen Feuer, das doch einen ganzen Wald anzünden kann (Jak. 3,5).
Darum, bevor du etwas über einen anderen sagst, lasse es durch drei Siebe laufen. Die Siebe heißen: wahr – wichtig – gut! Ist das, was ich über einen anderen sagen will: wahr – wichtig – gut? Wenn nicht, sollte ich meinen Mund halten!

Vier Bereiche, wo auch wir Christen ins Stolpern kommen können: Sexualität, Geld und Besitz, Temperament und unsere Zunge.
Paulus stellt in unserem Text nüchtern und sachlich fest, dass um dieser Dinge willen der Zorn Gottes über die Kinder des Ungehorsames kommen kann. Vers 6

b) <u>Vom Töten und Ablegen – vom Ausziehen und Anziehen!</u>
Der christliche Lebenskünstler Arno Backhaus hat einmal gesagt:
„Ich erschrak, als ich erkannte, dass ich bin, wie man ist!": /

An diesem Zitat wird deutlich, dass wir zwar „neu" geworden sind, aber uns darin ein Leben lang im Glauben „einüben" müssen!
Christliche Ethik ist immer „Weil-Ethik", keine „Um-zu-Ethik". Weil wir diesen Stand in Christus haben, leben wir christlich! Kein Anspruch ohne Zuspruch!

Und das hört sich bei Paulus in unserem Text heute *so* an:

- ❖ ⁷ In dem allen seid auch ihr einst gewandelt, als ihr noch darin lebtet. - Vergangenheit!

- ❖ ⁸ Nun aber legt alles ab von euch; ⁹ denn ihr habt den alten Menschen mit seinen Werken ausgezogen … ihr habt euch der alten Klamotten entledigt, abgestreift, etc. …
- ❖ ¹⁰ und den neuen angezogen, der erneuert wird zur Erkenntnis nach dem Ebenbild dessen, der ihn geschaffen hat.

Jesus will uns verändern! Wir müssen nicht mehr so sein, wie man ist! Lasst uns glauben, was wir wirklich schon sind: Auferweckte und für die Sünde Gestorbene!

- „Das Alte gehört der Vergangenheit an", sagt Paulus. „Ihr habt früher so gelebt, als ihr noch ganz dem Irdischen verhaftet ward" (V.7).
- „Ihr habt den alten Menschen mit seinen Gewohnheiten ausgezogen" (V.9).

„Unser Lebensstil heißt Jesus!"

Das bedeutet konkret: Wir sind auf den Himmel programmiert!

Das bedeutet konkret: Das Alte ablegen!

Und das bedeutet – dritte Entdeckung aus diesem Text:

3)   Das Neue anziehen! (Verse 12-17)

a) Persönliches Zeugnis – unser Trautext!

Kleider machen bekanntlich Leute! Was zeichnet den „neuen Menschen" aus, der Jesus als Lebensstil entdeckt hat?

Ich lese uns nochmal die Verse 12 – 17 aus unserem Text … Ich könnte dazu jetzt noch sehr viel sagen und lange predigen, weil der Text so gehaltvoll ist. Aber das spare ich mir jetzt.

Immer wenn ich diese Verse lese, werde ich an unsere Hochzeit erinnert. Das ist der Trautest, den wir uns für unseren Traugottesdienst ausgesucht haben.

Und damit verbinde ich auch ein ganz persönliches Erlebnis.
Bettina und ich sind jetzt 42 Jahre miteinander verheiratet. Und wenn man so ganz frisch miteinander verheiratet ist, entdeckt man ziemlich schnell die Unterschiede und Eigenarten in der Persönlichkeit seines Partners. Der Eine drückt die Zahnpastatube am Ende und der andere in der Mitte aus. Das kann zu einer richtigen Ehekrise werden; war aber bei uns nicht so...

❖ Aber ich habe den Schöpfungsbericht am Anfang so verstanden, dass Gott sich nicht den Menschen zu seinem Ebenbild erschaffen hat, sondern dass Gott Bettina zu meinem Ebenbild erschaffen hat. Bis mir das mal sehr deutlich und eindrücklich klar geworden ist, dass man seinen Ehepartner nicht ändern kann. Man kann sich nur selbst ändern!

❖ Und das ist ja auch der Vorteil einer christlichen Ehe: Links ein „E", rechts ein „E", und ein „H" in der Mitte; links „Einer", rechts „Einer", und der „HERR" in der Mitte!

❖ Und da war ich dann mal so am Beten, so nach dem Motto: „Herr, da und da kannst du ja meine Frau noch ein wenig ändern, damit sie genau in meine Vorstellungen hineinpasst."

❖ Und als Antwort von Gott kam so etwas wie ein Bild, oder so etwas wie eine Vision. Und in diesem Bild habe ich gesehen, wie Jesus mir Bettina auf einem goldenen Tablett serviert!

❖ Da fiel mir nichts mehr ein. Da kamen mir die Tränen, denn mir wurde schlagartig klar, dass meine Frau ein Geschenk Jesu an mich ist!

Und dann habe ich mal angefangen alle Texte in der Bibel zu lesen, die die Aufgaben eines Ehemanns in der Ehe beschreiben. Und da blieb mir auch die Spucke weg. Da stehen Sätze wie: „Ihr Männer, liebt eure Frauen, wie Christus die Gemeinde geliebt hat." Wie hat Er sie denn geliebt? Bis zur Aufgabe seines eigenen Lebens!

- ❖ Die Frage an die Männer in einer Ehe lautet: Lieber Mann, bist du bereit für deine Frau <u>zu sterben</u>?
- ❖ Und die Frage an die Frauen lautet – wenn man den biblischen Befund an dieser Stelle ernstnimmt: Liebe Frau, bist du bereit, für deinen Mann <u>zu leben</u>!

Unser Text heute spricht sehr viel darüber, wie man als Christ lebt, wie man miteinander umgeht, und da ist auch viel Gutes drin für den Umgang miteinander in der Ehe.

Darum haben wir ihn als Trautext ausgesucht!

„Unser Lebensstil heißt Jesus!"

Das bedeutet konkret: Wir sind auf den Himmel programmiert!

Das bedeutet konkret: Das Alte ablegen!

Das bedeutet konkret: Das Neue anziehen!

b) <u>Heiligung praktisch – ein Märchen!</u>

Ich schließe mit einem Märchen, das sehr gut das Thema „Heiligung" und das „neue Leben anziehen" beschreibt!

Da „wandelt" ein König, Könige „wandeln" noch, durch die Straßen seiner Stadt. Er schaut sich um und sucht nach jemandem. Sein Kummer ist, dass er keinen Nachfolger hat. Er braucht einen, in dessen Hände er einmal die Geschicke seines großen Reiches legen kann.

Da stolpert er fast über einen Knäuel von Jungen, die sich auf der Straße balgen. Die sehen ziemlich abgerissen und dreckig aus. Dann packt er zu und zieht einen hoch und sagt: „Junge, du kommst mit auf mein Schloss." Der Junge – so ein richtiger Lausebengel – schmutziges Gesicht, wirre Haare im Gesicht, staunt den König mit seinen großen blauen Augen an. Den Mund bekommt er vor Staunen nicht mehr zu. Und die anderen, die dabeistehen, gaffen ungläubig, einmal zum König, und einmal zu ihrem Spielkameraden.

Und wirklich, der König packt den Jungen an seine schmutzige Hand, und der tippelt mit ihm zum Schloss. Dort wird er erst mal in die Wanne gesteckt. Vorher werden ihm natürlich die schmutzigen Kleider ausgezogen, und er bekommt danach saubere Wäsche an. Jetzt sieht er wirklich schon etwas nach einem königlichen Pagen aus. Es wird zu Tisch geläutet. Und da sitzt er nun an der königlichen Tafel und kann sich gar nicht satt sehen an all den Herrlichkeiten, die da aufgetragen werden.

Jetzt gibt's nur ein Problem: „Wie isst man denn richtig?" Bisher hat er immer nur mit seinen Händen gegessen. Von wegen mit Messer und Gabel. Das wird eine ziemlich anstrengende Prozedur. Und irgendwie gefällt dem Jungen diese Prozedur nicht so richtig. Und dann denkt er an seine Spielkameraden, mit denen er sich so richtig balgen konnte.

Na ja, er schläft eine Nacht darüber. Aber am zweiten Tag im schönen Königsschloss hält er es einfach nicht mehr aus. Das ist ihm einfach zu anstrengend. Er geht stiften und einige Tage später findet man ihn wieder völlig abgerissen und verschmutzt unter seinen Spielkameraden. Ein gutes Bild für einen Christen, der zum Leben mit Gott berufen ist, aber die Heiligung unterlässt.

Die Geschichte gibt's noch in einer <u>zweiten</u> Variante.

Der Junge wird vom König entdeckt und mitgenommen auf sein Schloss. Ab in die Wanne, alte Kleider aus, neue Kleider an. Und dann an die königliche Tafel mit all den kulinarischen Köstlichkeiten. Und dann sitzt er da und denkt: *„Jetzt muss ich mich aber zusammenreißen."* Erst mal gucken, wie die anderen alle hier sitzen. Dieselbe Haltung annehmen, Oberarme an den Körper anlegen. Messer und Gabel in die Hände genommen und genauso essen wie die anderen. Puh, ist das anstrengend, aber das muss ja irgendwie gehen, auch wenn das ein sehr anstrengender Job ist. Und Freude ist auch nicht viel dabei. Es ist zwar alles hier schön und glänzend, und man beglückwünscht ihn auch zu dieser hohen Berufung. Und er will sich auch wirklich zusammenreißen, aber in Wirklichkeit denkt er: *„Meine Güte ist das anstrengend."*

Er tut sich einfach sehr schwer mit dem Eingewöhnen in die neuen Verhältnisse. Ein gutes Bild für gesetzliche Heiligung, die nur aus der eigenen Anstrengung lebt. Da ist die Christusnachfolge nicht mehr schön, sondern nur noch sehr anstrengend und mühevoll.

Zum Glück gibt's noch die <u>dritte</u> Variante.

Wieder der wandelnde König, dieselbe Straße, die Gassenjungs. Er kommt mit, alte Kleider aus, neue Kleider an, ab in die Wanne und an den herrlich gedeckten Tisch.

Aber dann sitzt neben dem Jungen noch ein anderer. Einer, der ihn sehr lieb um die Schulter fasst und sagt: „Mein Junge, ich freue mich, dass du da bist. Pass mal auf, hier ist manches anders, als du's bisher gewohnt bist. Und da wirst du dich so ein bisschen umgewöhnen müssen. Aber keine Angst. Ich helfe dir dabei. Ich zeig dir, wie man's macht. Hab nur Vertrauen zu mir."

Und der König bestärkt den Jungen darin: „Was dieser – dein Erzieher – dir sagt, dass kannst du ruhig annehmen. Der meint es gut mit dir. Und wenn du auf ihn achtest, dann wird es dir leichtfallen, dich hier einzugewöhnen."

Der Junge hört darauf und lernt Reiten, Fechten, Lesen und Schreiben. Und er lernt auch, wie man sich zu Tisch benehmen muss.
Der Erzieher ist wirklich ein weiser geduldiger Pädagoge. Es ist der Heilige Geist. Pädagoge kommt aus dem Griechischen und heißt Paidagogos: Erzieher. Er überfordert uns nie. Er zeigt uns, was je und dann dran ist. Er hilft uns beim Kleiderwechsel: alte aus, neue an! Das ist ein großartiges Bild für „Heiligung in der Kraft des Heiligen Geistes!"

„Unser Lebensstil heißt Jesus!"
Das bedeutet konkret: Wir sind auf den Himmel programmiert!
Das bedeutet konkret: Das Alte ablegen!
Das bedeutet konkret: Das Neue anziehen!

Amen!

12. Kolosser 3,18-4,1 – Das Geheimnis gelingender Beziehungen

a) <u>Einstieg: Im Himmel sollten alle Männer hinter 2 Schildern ...</u>
Im Himmel sollten alle Männer hinter zwei Schildern Aufstellung nehmen. Auf dem einen Schild stand: „Haupt der Frau und Familie", und auf dem andern Schild stand „Pantoffelheld". Und im Himmel geht es wahrhaftig zu, deswegen standen alle Männer hinter dem Schild „Pantoffelheld." Nur ein einziger kleiner und unscheinbar aussehender Mann stand hinter dem Schild „Haupt der Frau und Familie."

Er wurde dann gefragt – sagen wir mal von Petrus – „Sag mal, wie kommt das denn, dass alle Männer hinter dem Schild „Pantoffelheld" Aufstellung genommen haben und du als einziger stehst hinter dem Schild „Haupt der Frau und Familie"? Er antwortete: „Das weiß ich auch nicht genau. Meine Frau hat mir gesagt, ich soll mich dahin stellen..."

b) <u>Textlesung + Thema</u>
Ich lese uns den Predigttext von heute aus Kolosser 3,18 – 4,1 ...
Überschrieben ist der Text in meiner Lutherbibel mit „Die christliche Haustafel."

Das Thema, das mir dazu eingefallen ist, heißt:
„Das Geheimnis gelingender Beziehungen...!" :/

Und zwar:

1. ... in der Ehe!
2. ... in der Familie!
3. ... im Berufs – und Arbeitsleben!
4. ... heißt Jesus!

„Das Geheimnis gelingender Beziehungen …!"
Erstens:

1)   … in der Ehe! (Verse 18-19)

a) Wort an die Frauen

Es ist eine Eigenart der Paulus-Briefe, dass er den Gemeinden, denen er schrieb, erstmal in hellen und schillernden Farben den „Reichtum Christi und des Evangeliums" vor Augen malt, um dann von daher auf das „Leben der Christen" zu kommen, auf die sogenannte evangelische Heiligung! Theologisch ausgedrückt: Erst kommt der Heilsindikativ und dann kommt der Heilsimperativ, erst kommt der Zuspruch und dann kommt der Anspruch!

Ich halte heute mal wieder eine Predigt über den Kolosserbrief. Ich bin ja noch nicht ganz durch mit der Predigtreihe.
Der Kolosserbrief ist für mich einer der schönsten Briefe im NT, weil es um Jesus geht und das, was Er für uns getan hat.
Und wer immer mehr in den „Reichtum Christi" eintaucht, dessen Leben wird einen ganz besonderen Tiefgang bekommen, und das wird sein Leben völlig verändern!

Heute geht es um „die christliche Haustafel" oder etwas konkreter und moderner ausgedrückt: „Um das Geheimnis gelingender Beziehungen!"
Es geht darum, wie Christen leben, in der Ehe, in der Familie und auch im Berufsleben, damals Sklave-Herr, heute mehr Arbeitgeber-Arbeitnehmer-Verhältnis oder Vorgesetzter und Untergebener.

Paulus beginnt mit einem Wort an die Frau: „Ihr Frauen ordnet euch euren Männern unter, wie sich's gebührt in dem Herrn." Vers 18

Upps! Ich höre gar kein Raunen von den Frauen, gar keinen Widerspruch. Als „allgemeine Moral" wird dieses Wort sofort viele Fragen und manche Auflehnung hervorrufen. Warum soll sich immer die Frau unterordnen? Ist sie nicht dem Manne ebenbürtig? Ist sie nicht in mancher Ehe auch der wertvollere und klügere Teil? Müsste nicht gerade der Christ für die „Gleichberechtigung der Frau" eintreten? Weiß Paulus nicht, wie Männer sind? Oder nimmt er als Mann naiv für die Männer Partei? Paulus weiß genau, wie Männer sind, er war ja selbst einer.

Und Paulus weiß auch genau, dass alle Menschen vor Gott gleich sind und denselben Wert haben, sonst hätte er nicht in Galater 3,28 folgendes geschrieben: „Hier gibt es keinen Unterschied mehr zwischen Juden und Griechen, zwischen Sklaven und freien Menschen, zwischen Mann und Frau. Denn durch eure Verbindung mit Jesus Christus seid ihr alle zusammen ein neuer Mensch geworden." NGÜ

Also der Wert eines Menschen vor Gott ist für alle identisch und gleich! Nur die Gaben und Aufgaben eines Menschen fallen unterschiedlich aus. Und das ist auch in der gelebten Ehe so. Paulus argumentiert bei der Unterordnung der Frau unter den Mann in der Ehe an anderen Stellen in der Bibel „schöpfungstheologisch". Vielleicht fällt auch die Rolle der Leitung und Führung dem Mann leichter als der Frau. Obwohl es ohne Frage auch starke Leitungspersönlichkeiten unter den Frauen gibt.

Eine Frauenrechtsbewegung hätte im ersten Jahrhundert n. Chr. den Weg des Evangeliums unmöglich gemacht.

Es war die Zeit noch nicht reif, um das, was grundsätzlich in der Gemeinde Jesu gilt, für die weitere Umwelt fruchtbar zu machen.

Der Mann war damals der absolute Herr in der Familie. Die Frau war in vielen Völkern nur Arbeitswerkzeug, das man ebenso wie ein anderes Werkzeug käuflich erwerben konnte, wie man z. B. einen Sklaven oder ein Tier kaufen konnte.

Und vielleicht dachten manche Frauen, die Jesus kennengelernt und Christen geworden sind, diese Vormachtstellung der Männer – seien sie heidnisch oder christlich – ist nun ein- für allemal vorbei. Die haben jetzt nichts mehr zu melden. „Mein Herr, dem ich mich gern und freiwillig unterordne ist allein Jesus!"

Die heidnischen Männer wären kopfscheu geworden, wenn ihre Frauen es abgelehnt hätten, ihre herkömmliche Stellung in der Familie zu haben, weil sie nun Jesus angehörten und dadurch frei geworden sind. Die an Jesus gläubigen Frauen hätten ihre Männer durch solch eine Frauenemanzipation nicht gewonnen, sondern ihnen den Weg zu Jesus versperrt. Die gläubigen Frauen sollten sich hier an Jesus halten, der den Weg des Unterordnens vorgelebt habt, um ihre Männer für Jesus zu gewinnen.

Wenn es auf einem Schiff mehrere begabte und gleichrangige Offiziere gibt, Kapitän kann immer nur einer sein, der die letzte Entscheidung trifft, aber gleichzeitig auch dafür die Verantwortung übernimmt. Vielleicht hilft dieser Vergleich etwas.

Das Wort an die Frau: „Ihr Frauen ordnet euch euren Männern unter, wie sich's gebührt in dem Herrn." Vers 18

Paulus meint damit – man höre einmal genau hin – *die Ehefrauen sollen ihren Ehemännern untertan sein, als ob sie Christus vor sich hätten!*

„Unterordnen" meint also wörtlich: Sich freiwillig und gern unterstellen! Das ist ein Vorgang, der etwas mit Schutzsuche zu tun hat. (bei Regen Zuflucht suchen unter einem Schirm, Hütte, Dachvorsprung, usw.)

Ich habe euch mal ein Bild mitgebracht, um den „biblischen Befund" zur Ehe und Familie darzustellen ...

Beispiele aus der Ehe von Röhles:
Bettina schätzt den Schutz ... (Bild von den 3 Schirmen) ...

Die „Unterordnung der Frau" hat also nichts mit sklavischer Unterwerfung zu tun, sondern ist immer Antwort und insofern bezwingende Liebe, die den Frauen von ihren Männern in der „Furcht Christi" entgegengebracht wird.

Es geht hier einfach nur darum, dass dem Mann im „ehelichen Boot" von Gott gewissermaßen die Aufgabe des „Steuermanns" zugewiesen ist, weil das mehr seiner Natur entspricht, die aus der Schöpfungsordnung kommt. Es kann sehr befreiend und hilfreich sein, dass da einer ist, der auch einmal „das letzte Wort" spricht: „Schatz, lass uns das jetzt mal so und so machen...", usw. – Ist natürlich auch immer ein „Typ-Frage". Es gibt starke Frauen und schwache Männer und umgekehrt...

b) <u>Wort an die Männer</u>

Jetzt kommt das Wort an die Männer: „Ihr Männer, liebt eure Frauen und seid nicht bitter gegen sie." Vers 19

Da steht für „lieben" ein starkes Wort im Griechischen: ἀγαπάω: *lieben* (vor allem christliche Liebe), *Liebe erweisen, Zuneigung haben, hochschätzen* usw.… Das steht für die höchste Form der Liebe. „Agape" ist die „göttliche Liebe". Die Definition dafür steht im „Hohenlied der Liebe", in 1. Kor. 13: „Sie ist langmütig und freundlich, sie eifert nicht, sie treibt nicht Mutwillen, sie bläht sich nicht auf, sie verhält sich nicht ungehörig, sie sucht nicht das Ihre, sie lässt sich nicht erbittern, sie rechnet das Böse nicht zu …"

Daneben gibt es noch andere Begriffe für Liebe in der griechischen Sprache: Storgé und Philia sind beides Formen der freundschaftlichen Liebe, der kooperativen Liebe.

Philia ist auch die Liebe zwischen Freunden, ein Gefühl der freundschaftlichen Verbundenheit, steht auch für die „brüderliche" Liebe. Storgé ist auch die Liebe zwischen Eltern und Kindern, zwischen Freunden. Storge ist allgemein ein Gefühl von Warmherzigkeit, Zuneigung zwischen Menschen.
Und dann gibt es noch den Eros, die leidenschaftliche Liebe; hier steht die sexuelle Liebe zwischen Ehepartnern im Vordergrund.
Die Krönung und absolute höchste Form der Liebe ist die Agape, die aufopfernde Liebe. Die Partner sind bereit, sich füreinander aufzuopfern. Das Wohl des Partners steht im Vordergrund!

Und wenn Paulus hier schreibt: „Ihr Männer, liebt eure Frauen mit Agape",
dann sagt er: „Liebt sie aufopferungsvoll!" Mit Agape hat Jesus die
Gemeinde geliebt: Er gab Sein Leben für sie!

- ❖ Die Frage an die Männer lautet also: „Ihr Männer, seid ihr bereit,
  für eure Frauen zu sterben?"
- ❖ Die Frage an die Frauen lautet dagegen: „Ihr Frauen, seid ihr
  bereit, für eure Männer zu leben?"

Wer von beiden hat wohl die größere Aufgabe und Verantwortung? :/
„Ihr Männer liebt eure Frauen und seid nicht bitter gegen sie."
„Verärgert sie nicht. Geht nicht rücksichtslos mit ihnen um. Kränkt und
verletzt sie nicht." – So könnte man auch übersetzen.

Das war für viele Männer der damaligen Zeit etwas völlig Neues und
Unerhörtes. Aus dem Beherrschen und Unterdrücken der Frau durch den
Mann, wurde echte Gemeinschaft durch den Einfluss Jesu. Das
Herrische wurde ersetzt durch das Dienende, die Liebe Christi. Das kam
einer Revolution gleich, aber es war eine frohmachende und
beglückende Revolution – für beide Teile.

c) Der Weg zu einer glücklichen Ehe!
Das Wort E-H-E buchstabiert sich wie folgt: Links ein „E", rechts ein „E",
und ein „H" in der Mitte; links „einer", rechts „einer", und der „HERR" in
der Mitte. Das ist der Weg zu einer glücklichen Ehe!

Obwohl auch heute noch auf Grund der Schöpfungsordnung der Mann einen „führenden" Platz in der Ehe haben soll, wenn sie normal und gesund ist, so ist doch andererseits die Ehe von Christen nicht von einem Herrschaftsanspruch des Mannes wie in alten Zeiten und von einem Untertanenverhältnis der Frau wie im Altertum bestimmt, sondern sie sind beide durch Jesus zueinander als zwei gleichwertige Partner geordnet.

Sie haben eine echte Gemeinschaft durch den Geist, den sie von Jesus empfingen. Sie führen ihr Leben gemeinsam, indem sie beide in gleicher Weise Jesus fragen und Ihm um die Befehle für ihr Leben bitten. Dass Jesus ihr gemeinsamer Herr ist, formt ihre Ehe zu einem echten und frohmachenden Miteinander.

Wenn ich nicht ganz falsch liege mit meinen Beobachtungen, leben die meisten christlichen Ehepartner kameradschaftlich und miteinander im gegenseitigen „Unterordnen", so wie es in Epheser 5,21 heißt, da geht es auch um die Ehe: „Ordnet euch einander unter in der Furcht Christi."

Hier noch abschließend 2 Aussagen von zwei erfahrenen Seelsorgern zur Ehe:

1. Aussage: Es gibt 4 Möglichkeiten, Ehe zu leben:
   1) Gegeneinander! 2) Nebeneinander! 3) Miteinander!
   4) Füreinander! (Ernst Modersohn)
2. Aussage: In einer rechten Ehe sind 4 Dinge zu beachten:
   1) Geben! 2) Vergeben! 3) Nachgeben! 4) Nie aufgeben! (Hans Bruns)

„Das Geheimnis gelingender Beziehungen ...!"
Erstens: ... in der Ehe!   Zweitens:

2) ... in der Familie! (Verse 20-21)

a) Wort an die (mündigen) Kinder!

Vers 20: „Ihr Kinder seid gehorsam den Eltern in allen Dingen; denn das ist wohlgefällig in dem Herrn." – Ein Wort an mündige und größere Kinder, die an Jesus glauben. Für Säuglinge und Kleinkinder macht dieser Hinweis nicht viel Sinn.

Erziehung ist eine große Herausforderung! Ich habe – als unsere Kinder noch klein waren – öfter mal gebetet: „Herr, bewahre mich vor den größeren Erziehungsfehlern", die anderen mache ich sowieso.

Auch die Erziehungsstile – und Modelle haben sich im Laufe der Zeit verändert. Ein Kollege von mir, der dann noch Sozialpädagogik studiert hat und u.a. in der systemischen Familien-Therapie arbeitet, habe ich mal nach Fulda in die Gemeinde eingeladen, um über Erziehung zu referieren. Dort war auch eine christliche Kita angegliedert. Und ich habe ihn mal gefragt, was sich im Blick auf die „Erziehungsstile" in den letzten Jahrzehnten verändert hat? Seine Antwort: „Früher waren die Eltern wie Fixsterne, um die sich dann die Kinder drehten. Heute sind oft die Kinder das Zentrum, um die sich dann die Eltern drehen." Das führt nicht selten zu nicht geringen Problemen der Überforderung für beide Seiten: für die Kinder und für die Eltern.

Wir sind ja als Pastorenehepaar bisher in einigen Gemeinden gewesen und haben auch unterschiedliche Erziehungsstile christlicher Eltern kennengelernt: von ganz streng bis Laissez-faire = „lass sie machen, lass sie laufen". Das gilt als Schlagwort für das Gewährenlassen, das bewusst auf den Verzicht von Regulation, Grenzen oder Vorgaben setzt.

Sowohl das Eine: übermäßige Strenge, als auch das Andere: der Laissez-faire-Stil hat oft nicht den gewünschten Erfolg gebracht, dass die Kinder dann an Jesus glaubten oder an Ihm festhielten.

Wie man es auch immer handhabt: Irgendwie sollten Kinder auch auf Grenzen hingewiesen werden, um dadurch „Gehorsam" zu lernen. Denn wenn sie keinen „Gehorsam" lernen und Autoritäten über sich dulden und wertschätzen, werden sie später Schwierigkeiten haben, Gott als Autorität anzuerkennen! Bild: Gottes Ordnung für die Familie …

b) <u>Wort an die Väter!</u>
Der Gehorsam gegen die Eltern hat seine Grenze im Gehorsam gegen den Herrn. Eltern können von ihren Kindern nichts verlangen, was vor Gott unrecht ist.
Wer Jesus angehört, möchte auch seinen Eltern gegenüber vergeben und lieben können.
Väter und Mütter werden schuldig, wenn sie die Stellung ihren Kindern gegenüber, die ihnen durch die Schöpfungsordnung gegeben ist, missbrauchen.

Offensichtlich neigen manchmal die Väter dazu, zu streng zu erziehen! „Ihr Väter, erbittert eure Kinder nicht, damit sie nicht scheu werden", steht hier in Vers 21. „Erbittert" kann man auch mit „reizen oder einschüchtern" wiedergeben. Erstaunlich, dass Paulus schon damals auf die Gefahr der „Entmutigung" hinwies. Entmutigung ist eins der bekannten Worte in der Psychologie und Therapie, weil daraus dann leicht Hemmungen oder Minderwertigkeitskomplexe werden können.

Auch solche mutlosen und scheuen Kinder habe ich in der Gemeindearbeit leider manchmal kennengelernt. Die ganze Art unserer Erziehung und des Umgangs mit den Kindern soll sie nicht entmutigen, indem wir den Kindern immer wieder ihre Fehler vorhalten. Wie verzweifelt kämpft manches Kind mit seinen Anlagen, die es von Vater und Mutter geerbt hat.

Und wenn manchmal Eltern in der Erziehung versagen und „über die Stränge schlagen", sollten sie ihre Kinder um Verzeihung bitten. Es wird für ein Kind unvergesslich sein, wenn Vater und Mutter das taten. Ein kleiner nicht unwichtiger Tipp für christliche Eltern:
„Rede mindestens so lange mit Gott über deine Kinder – wir nennen das Beten – wie wir mit unseren Kindern über Gott reden!" :/

Und es ist auch etwas sehr Schönes, wenn wir als Eltern später für unsere größer und erwachsen gewordenen Kinder zu Freunden und Gehilfen zur Freude werden!

c) <u>Wie Erziehung gelingen kann – das I-G-E-L-Prinzip!</u>
Ich habe euch noch ein Bild mitgebracht = IGEL …
Jeder Mensch weiß, dass der Igel nicht nur ein putziges, sondern auch ein interessantes und sehr friedliches Tierchen ist. Nur, wenn es in Gefahr ist, fährt es seine Stacheln aus.

Auf die Erziehung angewandt, kann man vom Igel lernen, dass auch Kinder ihre „Stacheln" drin lassen, wenn Eltern ihre Kinder lieben wie einen Igel. I = Intensiv; G = Ganzheitlich (Leib-Seele-Geist); E = Echt; L = Liebevoll! Mal ausprobieren. Es funktioniert!

Das Geheimnis gelingender Beziehungen!

Erstens: ... in der Ehe!

Zweitens: ... in der Familie!   Und drittens:

3)   <u>... im Berufs – und Arbeitsleben! (Kap. 3,22 u. 4,1)</u>

a) <u>Sklavenstand in biblischen Zeiten!</u>

„Ihr Sklaven, seid gehorsam in allen Dingen ...“ (3,22-4,1 lesen).

Untergebene waren im Altertum Sklaven. Vom biblischen Befund her

sollten Sklaven aber als Menschen behandelt werden, zumindest in Israel,

und zwar sowohl im AT als auch im NT. Denn der Wert eines Menschen ist

nicht von dem, was er *tut* bestimmt, sondern von dem was er *ist*,

nämlich ein Geschöpf Gottes. :/

Das war in Israel so, aber nicht unbedingt in der römischen und

griechischen Umwelt damals. Dort wurden „Sklaven“ oft nur als

„Sachen“ als „Wertgegenstand“ betrachtet und gehandelt.

Das Geheimnis gelingender Beziehungen ... im Berufs – und Arbeitsleben!

... habe ich diesen 3. Punkt genannt, weil es in unseren Breitengraden Gott

sei Dank „Sklaverei“ so nicht mehr gibt. Es gab zwar in Deutschland im

letzten Jhdt. auch noch „Knechte“ und „Mägde“, die mit im Hause und in

der Familie lebten und mitarbeiteten, besonders in ländlichen Familien.

Es gibt zwar heute und hier noch die „Zwangsprostitution“ und „Mobbing

am Arbeitsplatz“ und Kinder, die „unterdrückt“ und vielleicht auch noch in

manchen Familien viel zu viel Verantwortung zu tragen haben; aber mit

der „Sklaverei“ wie im Altertum kann man das so nicht vergleichen.

Und wenn damals Sklaven Christen wurden, so – wie Paulus hier im Kolosserbrief darauf Bezug nimmt – waren sie damit Leibeigene des größten Herrn, den es je gegeben hat und geben wird und in eine königliche Freiheit hineingestellt worden, die sie sich nie hätten träumen lassen! Als solcher wurde ein Sklave damals ein lebendiges Zeugnis für seine Mitsklaven und für seinen menschlichen Herrn und für Jesus!

Übrigens ist so das Evangelium von Jesus zu den Germanen gekommen, als die Goten römische Christen aus Kleinasien in die Sklaverei verschleppten. Die Haltung dieser oft hochgebildeten Christen als Sklaven war so andersartig und beeindruckend, als man das sonst von Sklaven gewohnt war, dass sie dadurch ihre heidnischen Herren innerlich überwinden und zu Jesus führen konnten! Denn sie dienten nicht nur ihren römischen, sondern auch ihren neuen germanischen Herren in der Einfalt des Herzens, als dienten sie Jesus. An ihnen ist eindrücklich, was hier in Vers 23 steht: „Alles, was ihr tut, das tut von Herzen als dem Herrn und nicht den Menschen."

Es ist für alle unsere Lebensverhältnisse entscheidend, dass wir alles, was wir tun, Jesus zuliebe tun und nicht, weil Menschen es von uns fordern! :/

b) Abschaffung des Sklavenstands!

Es fällt übrigens auf, dass nirgendswo im NT die „Abschaffung des Sklavenstandes" gefordert worden ist. Von Jesus nicht und auch von den Jüngern und Aposteln nicht. Paulus schickt den entlaufenen Sklaven Onesimus (der Nützliche) an seinen Herrn Philemon (der Liebende) zurück. Nach altkirchlicher Überlieferung wurde Onesimus später sogar Bischof von Ephesus.

Die Zeit war damals noch nicht reif für die Abschaffung der Sklaverei. Erst Jahrhunderte später, am 26. Juli 1833 beschließt das britische Parlament nach langen Jahren des Einsatzes von Christen die Abschaffung der Sklaverei. Für William Wilberforce geht damit – drei Tage vor seinem Tod – ein Traum in Erfüllung, für den er sein ganzes Leben lang kämpfte.

Nach einer Europareise 1785 wurden die Weichen gestellt: Heimlich traf sich Wilberforce mit John Newton, einem Ex-Sklavenschiffkapitän, der beruflich Sklaven nach Amerika transportierte, um sie dort gegen amerikanische Waren umzutauschen. Das Geschäft war sehr lukrativ, der Mann skrupellos.

Am 10. oder 12. Mai 1748 geriet dessen Schiff in schwere Seenot, was dazu führte, dass John Newton betete und Jesus Christus als seinen Herrn und Retter annahm. Er fing daraufhin an, die Sklaven menschlicher zu behandeln, blieb aber trotzdem noch 6 Jahre im Sklavengeschäft.

16 Jahre nach seiner Lebenswende wurde John Newton amerikanischer Geistlicher. 39 Jahre, nachdem er Christ geworden war, verfasste John Newton eine Schrift mit dem Titel „Gedanken zum afrikanischen Sklavenhandel", die William Wilberforce, einem Mitglied des britischen Parlaments, sehr bei seiner Kampagne gegen den Sklavenhandel nützen sollte. Und schließlich verfasste er eine Reihe von Liedern, von denen das bekannteste in 1770er Jahren entstand: Amazing Grace, „Oh, Gnade Gottes wunderbar"!

Tief beeindruckt durch die Begegnung mit John Newton wandte sich William Wilberforce bald vollständig dem christlichen Glauben zu.

Er war damals 24 Jahre alt und setzte sich dann fast 50 Jahre für die Abschaffung der Sklaverei ein, die dann offiziell am 26. Juli 1833 per Gesetz beschlossen wurde.

c) Worte an Untergebene und Vorgesetzte!

Das Geheimnis gelingender Beziehungen im Berufs – und Arbeitsleben! Mal vom Sklavenstand abgesehen spricht hier Paulus von einer Arbeits-Ethik für Vorgesetzte und Untergebene oder Arbeitgeber – und Arbeitnehmer!

Und das „Wort an die Untergebenen oder Angestellten" sieht so aus, dass sie ihren Job in der „Furcht des Herrn", in der „Ehrfurcht vor Gott" tun sollen. Sie haben es nicht nötig, sich irgendwie zu verbiegen und auch nicht, das Ansehen der Menschen zu suchen (Augendienerei). Ihre Arbeit dürfen sie „von innen heraus" tun und dabei „Jesus vor Augen haben". Auch im Angestelltenverhältnis gehören Christen zuerst Jesus. Das lässt sie ihre Arbeit sorgfältig tun, treu und gewissenhaft.

Und das „Wort an die Vorgesetzten und Arbeitgeber" sieht so aus, dass sie ihre Position auch vor Gott ausüben, genauso sorgfältig, treu und gewissenhaft. Sie leben auch mit ihren Anordnungen unter den Augen Jesu und können darum ihre Untergebenen nicht ausnutzen und ihnen das vorenthalten, was ihnen zusteht. Von Jesus her wissen sie, dass ihre Untergebenen nicht Menschen zweiter Klasse sind, sondern von Jesus ebenso geliebt wie sie selbst. Die „goldene Regel" aus der Bergpredigt greift auch hier: „Alles nun, was ihr wollt, dass euch die Leute tun sollen, das tut ihr ihnen gleichermaßen!"
Wie konkret, wie praktisch, wie hilfreich doch die Bibel ist!

d) Christen sind Sklaven Christi (Epheser 6,6)!

Zusammenfassend lässt sich das *so* auf den Punkt bringen: „Wir alle sind Sklaven, Knechte oder Diener Christi!" Er hat unseren Gehorsam und unsere Hingabe verdient!

„Alles, was ihr tut, das tut von Herzen als dem Herrn und nicht den Menschen." – Das soll der Konfirmationsspruch von Fürst Otto von Bismarck gewesen sein; und er hat versucht, ihn als Richtschnur zu leben!

Das Geheimnis gelingender Beziehungen!

Erstens: ... in der Ehe!

Zweitens: ... in der Familie!

Drittens: ... im Berufs – und Arbeitsleben!

Lasst mich noch kurz den wichtigsten und letzten Punkt erwähnen.
Das Geheimnis gelingender Beziehungen ...!

4)   ... heißt Jesus! (Verse 12-17)

a) Jesus ist der Schlüssel für ein gelingendes Miteinander!

Jesus ist der Schlüssel für ein gelingendes Miteinander! Liest man von Kap. 3,17 bis 4,1 entdeckt man siebenmal das Wort „der Herr". Das ist nicht nur die die entscheidende Lösung, das ist nicht nur unsere Rettung, das ist das „Geheimnis gelingender Beziehungen!"

Vers 17: „Und alles, was ihr tut mit Worten oder mit Werken, das tut alles im Namen des Herrn Jesus und dankt Gott, dem Vater, durch ihn."

In diesen Worten ist alles zusammengefasst, was für das neue Leben aus Christus charakteristisch ist. Es ist ein Leben in ihm, aus ihm und unter ihm. Jesus Christus ist der eine, der alles im Leben seiner Leute durchdringen und gestalten will.

- ❖ „Im Namen Jesu" ist ein lebendiges Geschehen; heißt: in seinem Auftrag, in seiner Vertretung, so dass er zu allem, was wir denken, sagen und tun seinen Namen setzen können.

- ❖ „Im Namen Jesu" heißt: nicht in unserem eigenen Namen, nicht aus uns selbst heraus, sondern so, dass wir bei allem, was wir denken, sagen und tun, in ihm sind, in Gemeinschaft mit ihm handeln, aus ihm heraus unser Leben gestalten. Wir sind online unterwegs mit Jesus.

Wenn jemand nach dem Urheber unserer Gedanken, Worte und Handlungen fragt, dann sollte man immer letzten Endes bei Jesus landen. Nichts in unserem Leben sollte von uns aus geschehen. Jesus ist in allem der Handelnde und Bestimmende. Ein Diener und Jünger hat in allen Lebenslagen nur einen Wunsch, seinem Herrn, dem er alles verdankt, zur Ehre zu handeln! Das ist kein drückendes Joch, das ist Freude pur. Je umfassender wir uns ihm öffnen, desto reicher und größer wird unser Leben.

- ❖ „Durch ihn" kommen wir zum Vater im Himmel. Ihm haben wir es zu verdanken, dass die ganze Fülle des Lebens aus Gott zu uns kommt.

- ❖ „Alles im Namen Jesu": Das ist nun unser Kompass für alles in unserem Leben und dass macht unser Leben froh, reich und vielseitig.

b) Der Lohn für ein gelungenes Miteinander!

Nimmst du Jesus in dich auf, werden auch alle deine Beziehungen unter seinen guten Einfluss kommen. Jesus ist im Grunde die Lösung aller sozialen Beziehungen im menschlichen Miteinander. Lohnt sich das?

Ja! Vers 24: „Denn ihr wisst, dass ihr von dem Herrn als Lohn das Erbe empfangen werdet. Ihr dient dem Herrn Christus!"

Amen!

---

13. Kolosser 4,2-18 – Das Geheimnis von effektiver Gemeindearbeit

a) Einstieg:

„Das Geheimnis gelingender Beziehungen" war das letzte Thema einer Predigt über den Kolosserbrief. Dabei ging es um die Bereiche: Ehe, Familie, Berufs- und Arbeitsleben ... und es ging besonders um Jesus, der diese Bereiche gern segnet und gelingen lässt.

Hier noch mal nachträglich die 2 Zitate von zwei erfahrenen Seelsorgern zur Ehe:

1. Zitat:

Es gibt 4 Möglichkeiten, Ehe zu leben: 1) Gegeneinander! 2) Nebeneinander! 3) Miteinander! 4) Füreinander! (Ernst Modersohn) :/

2. Zitat:

In einer rechten Ehe sind 4 Dinge zu beachten: 1) Geben! 2) Vergeben! 3) Nachgeben! 4) Nie aufgeben! (Hans Bruns) :/

b) Textlesung + Thema

Heute schließe ich meine Predigtreihe über den Kolosserbrief ab mit dem letzten Abschnitt aus Kolosser 4,2-18 ...

Das Thema, das mir dazu eingefallen ist, heißt:

„Das Geheimnis von effektiver (gesegneter) Gemeindearbeit!" :/

Und hier sind die drei Gedanken dazu, die ich im Text gefunden habe:

1. Gebet!
2. Mission!
3. Teamarbeit!

„Das Geheimnis von effektiver (gesegneter) Gemeindearbeit!"
Erstens:

1) Gebet! (Verse 2 – 4)

a) Gebet grundsätzlich!
Gebet ersetzt zwar keine Tat, aber es ist eine Tat, die durch nichts ersetzt werden kann. :/ Wer den Schlüssel des Gebets hat, kann den Himmel öffnen! – Wer von Jesus aufgenommen und angenommen wird, kann sich das Gebet aus seinem Leben nicht mehr wegdenken, so wenig wie er sich sein Leben ohne Jesus vorstellen kann.

Es ist so ähnlich, wie bei zwei Menschen, die sich lieben und immer froh sind, wenn sie Gemeinschaft miteinander haben. Und man ist schon froh, wenn der andere nur da ist, auch wenn die Zeit vielleicht knapp ist, wo man miteinander sprechen kann.

Es wäre irgendwie komisch und unnatürlich, wenn zwei Menschen, die sich lieben, nicht in einem ständigen, lebendigen Austausch ständen. Sie können einfach nicht stumm nebeneinander leben. Sie müssen dem anderen Anteil geben an dem, was sie bewegt, und es liegt ihnen ebenso am Herzen, den anderen zu fragen und von ihm zu hören.

So ist es auch zwischen Jesus und uns. Darin drückt sich die neue Gemeinschaft mit ihm aus. Ein Christ ist ein Mensch, der mit Jesus im ständigen Gespräch ist. Das Gebet vollzieht sich nicht mehr formelhaft. Es ist ein lebendiges Herüber und Hinüber zwischen Jesus und uns. Dieses Gespräch mit Ihm ist unser Lebenselement.

„Seid beharrlich im Gebet und wacht in ihm mit Danksagung", schreibt Paulus hier. Man kann diesen Vers 2 auch wiedergeben mit:

- ❖ „Haltet fest am Gebet und wacht darin mit Danksagung" (EB), oder:
- ❖ „Seit treu, ausdauernd und wach im Gebet und im Dank an Gott" (NeÜ), oder:
- ❖ „Lasst euch durch nichts vom Gebet abbringen und vergesst dabei nicht, Gott zu danken" (Hfa), oder:
- ❖ „Lasst nicht nach im Beten, werdet nicht müde darin und tut es immer mit Dank!" (GNB).

Dieser Vers 2 erinnert an das Gleichnis Jesu von der „bittenden Witwe" in Lukas 18, die einem „ungerechten Richter" unentwegt wegen ihrer eigenen Sache in den Ohren liegt und ihn ständig nervt. Beten ist nicht nur das Atemholen der Seele. Es hat auch große Wirkung! Es verändert nicht nur den Beter, sondern auch seine Umwelt. Es sorgt für Überraschungen. Es nimmt Lasten weg. Es beendet schwierige Situationen. Es verändert schwierige Menschen. Beten bringts! (Spurgeon Gleichnis)

Beten ist nicht eine Kunst, sondern das Gegenteil aller Künste. Man muss sich weder innerlich in irgendetwas hineinsteigern oder besondere Übungen machen. Beten kann man erst richtig und wirkungsvoll, wenn man alle eigenen Künste abgelegt hat. Alles religiöse Pathos, alle wohlgesetzten Wendungen sind vom Übel, ein heidnischer Unfug (Mt. 6,7), sagt Jesus in Matth. 6,7. Um beten zu können, muss man nicht aufsteigen zu irgendeiner religiösen Höhenlage, sondern genau das Gegenteil ist der Fall; es gilt, herabzusteigen von den Stelzen und dazu zu stehen, wo das kleinste Kind steht. Beten heiß: so, wie man ist und wie einem zumute ist, vor Gott stehen und zu ihm sprechen.

Wir haben eine himmlische Heimat und einen himmlischen Vater. Und es ist das natürlichste von der Welt, dass wir uns dahin wenden, wo unsere Heimat ist, dass wir den anrufen, der uns das Leben gab.

Die Gegenwart Gottes, das Hereinbrechen seines Lebens in unseres, das ist Sinn und Ziel alles Betens. Wer die persönliche Berührung mit dem Vater im Himmel sucht, der soll sie finden.

Unser Christsein besteht nicht zuerst in dem, was wir für Jesus tun, sondern in dem stillen Hören auf Ihn, in dem Stillesein vor Ihm, das Ihm die Möglichkeit gibt, durch Seinen Geist in uns hineinzuwirken und uns mit Seiner Gegenwart zu erfüllen. Dass dann aus diesem Stillesein vor Jesus auch echte Aktivität in vieler Hinsicht erwächst, ist selbstverständlich. Die fruchtbarste Aktivität aber entfalten die Jünger Jesu, die im Stillen viel Zeit mit Jesus verbringen und im Gebet „anhalten".

Denn Beten kann auch mal „unbeirrbares Pochen an verschlossene Türen" sein! Wie im Gleichnis von der „bittenden Witwe" …

„Seid beharrlich im Gebet und wacht in ihm mit Danksagung." Jesus selbst macht uns mit vielen Verheißungen in dieser Hinsicht Mut, nicht zu schnell aufzugeben, nur weil die Türen zu zu sein scheinen. Er kennt sich aus mit „Türen", denn Er selbst ist die „Tür", die zum Leben führt. Mit Ihm ist die Tür aufgetan. Durch Ihn haben wir den Zugang. Die Türen werden aufgehen, wenn die Betenden, nur daran festhalten, dass das Öffnen jener Türen schlechthin notwendig ist (Lukas 11,5-13). Wer am Beten bleibt und unbeirrt anklopft – sagt Jesus – wird Erfolg haben. Wir dürfen erhörlich beten in Seinem Namen (Joh. 14,13; 16,23).

„Seid beharrlich im Gebet und wacht in ihm mit Danksagung." Für Gebet steht im Griechischen ein Wort (προσευχή), das nicht nur „Gebet im Allgemeinen" meint, auch nicht nur den Gebetsakt als solchen, sondern das Wort meint auch Gebet im Sinne einer „regelmäßig geübten Gewohnheit", also dranbleiben, festhalten, Ausdauer beweisen, nicht so schnell aufgeben = das ist Gebet im umfassenden Sinne. Dabei kalkuliert Gott die Mängel und Schwächen unseres Betens immer mit ein und nimmt auch unser Gestammel ernst. So hat das Gebet auch Kraft in Zeiten der geistlichen Dürre und Unfähigkeit. Gott ist für uns. Uns vertritt der Heilige Geist. Für und zugleich mit uns betet Jesus Christus.

Das Gespräch mit Jesus, das Hören auf Ihn und das Stillesein vor Ihm wird uns so leicht gemacht, weil es sich nicht auf bestimmte Zeiten des Tages beschränkt, sondern unwillkürlich durch den ganzen Tagesablauf hindurchgeht, denn Jesus ist immer bei uns und wir sind nie ohne Ihn. Darum ist das Beten ohne Unterlass keine Belastung, sondern erfrischt, erquickt und erfreut uns. Es ist keine mühsame Pflicht, sondern ein Atemholen in der Nähe Jesu, der immer bei uns ist. Und dieses ständige Beten muss auch nicht stundenlang dauern, Gott erhört auch kurze Gebete.

Positive Nebenwirkung: Durch dieses ständige Onlinesein mit Jesus werden und bleiben wir geistlich hellwache Leute! Das Zusammensein mit Jesus zu besonderen Zeiten des Tages oder durch den ganzen Tagesablauf hindurch hält uns „wach" in dem Leben mit Ihm. Und dann fällt uns auch die Danksagung nicht schwer. Im Gegenteil: Es ist uns Christen dann immer wieder ein Bedürfnis, Gott zu danken für Sein vieles Geben und Handeln, Schützen und Helfen und Heilen und Befreien, für Sein Segnen und die vielen unzähligen Gebetserhörungen!

Und auch der „vorweggenommene Dank" soll hier nicht unerwähnt bleiben, weil er Vertrauen ausdrückt, obwohl noch nichts geschehen ist. So betet Jesus am Grab seines Freundes Lazarus in Johannes 11: „Vater, ich danke dir, dass du mich erhört hast. 42 Ich wusste, dass du mich allezeit hörst; aber um des Volkes willen, das umhersteht, sagte ich's, damit sie glauben, dass du mich gesandt hast. 43 Als er das gesagt hatte, rief er mit lauter Stimme: Lazarus, komm heraus! 44 Und der Verstorbene kam heraus, gebunden mit Grabtüchern an Füßen und Händen, und sein Gesicht war verhüllt mit einem Schweißtuch."

„Seid beharrlich im Gebet und wacht in ihm mit Danksagung."
„Das Geheimnis von effektiver (gesegneter) Gemeindearbeit" besteht erstens im Gebet! Eine Gemeinde, die viel betet, wird reich gesegnet!

b) Gebet um offene Türen!
Auch im „Gebet um offene Türen!" – „Betet zugleich auch für uns, dass Gott uns eine Tür für das Wort auftue und wir das Geheimnis Christi sagen können, um dessentwillen ich auch in Fesseln bin, damit ich es offenbar mache, wie ich es sagen muss." Verse 3-4

Wir dürfen mit Jesus über alles reden, was uns bewegt, über die großen und kleinen Fragen in unserem Leben. Es wäre unnatürlich, wenn wir es nicht täten, denn Er ist unser guter Hirte. Es gibt nichts in unserem Leben, was Ihn nicht bewegt.

Aber das ist noch nicht alles. Das ist noch nicht die ganze Wahrheit über das Gebet. Paulus sagt hier, dass das Gebet unbegrenzte Möglichkeiten hat. Unser Blick geht weit hinaus über unsere persönlichen Anliegen.

Dass ist das Kostbare am Beten, dass wir darin real und aktiv an räumlich weit entfernten Ereignissen und Vorgängen beteiligt werden. Paulus sitzt im Gefängnis in Rom und wartet auf sein Todesurteil. Kolossä lag in der Südwest-Türkei über 2000 Kilometer entfernt. Paulus schreibt an die Christen in Kolossä: „Betet für mich … dass ich einen seligen Tod sterbe." Nein, dass Gott „ihm eine Tür für das Wort auftue …"

„ …um das Geheimnis Christi zu sagen …" – Weil Jesus immer an die anderen denkt und Sein ganzes Leben bis heute Hingabe ist, kann es bei Seinen Leuten nicht anders sein. Nachdem Jesus ihnen selbst das große Geschenk Gottes für ihr Leben wurde, wünschen sie jedem anderen Menschen dasselbe große Geschenk! Oder? Oder?

Paulus ist überwältigt von diesem „Geheimnis Christi",

- ❖ von Jesus, dem Erstgeborenen aller Schöpfung, durch den und zu dem hin alles geschaffen wurde im Himmel und auf Erden,
- ❖ von Jesus, der Frieden machte durch sein vergossenes Blut am Kreuz, damit jeder Gott, den Vater persönlich kennenlernen kann,
- ❖ von Jesus, der uns alle Schuld vergibt und uns neu macht und einen Neuanfang schenkt,
- ❖ von Jesus, der uns den Himmel öffnet und eine Wohnung bereitet,
- ❖ von Jesus, mit dem wir „mitgestorben" und „mitauferweckt" sein dürfen,
- ❖ von Jesus, der am Ende der Zeiten wiederkommen wird, sein 1000jähriges Friedensreich aufrichtet und das Jüngste Gericht einläutet, um zu richten die Lebenden und die Toten.
- ❖ Was für großartige Geheimnisse über Jesus sind das doch!

Und das griech. Wort für „Geheimnis" heißt μυστήριον. Und dieses Wort hatte für den Menschen der griechischen Welt nicht nur einen faszinierenden Sinn, sondern ist gleichzeitig auch Fach-Ausdruck für die Gedanken und Pläne Gottes, die er den Menschen offenbart hat!

Man kommt da nicht von allein drauf, dass muss einem Gott selbst erklären; Er selbst muss es uns „offenbar machen". Im Griechischen steht ἀνοίγω = öffnen, aufmachen, sehend machen, hörend machen. Blinde Augen sehend machen, geistlich blinde Augen sehend machen. Das kann nur Gott, niemand sonst. Kein Mensch kann von sich aus erfassen, wer Jesus ist. Es bedarf immer einer besonderen Tat Gottes an dem einzelnen, damit er die verborgene Größe und Bedeutung Jesu erfassen kann. In dieses unsichtbare Geschehen greift das Gebet ganz wesentlich ein. Es macht dem Geist Gottes die Bahn frei. Es beseitigt Hemmungen und Widerstände. Wir können von dem Gebet in dieser Hinsicht nicht groß genug denken. Wir haben nicht den Schlüssel zum anderen Menschen. Den hat der Geist Gottes allein. Darum ist das Gebet für die Mission im Leben seiner Gemeinde von solcher Bedeutung.

Paulus sitzt im Gefängnis, aber er ist ein total freier Mann, der diese Zeit missionarisch nutzen möchte.

Und es gibt Vermutungen darüber, dass Gott diese Gebete über alles Erwarten erhört hat. In seiner 2jährigen Gefangenschaft in Rom ist Paulus mit ca. 9000 Soldaten in Berührung gekommen, weil die Wachmannschaften so oft gewechselt haben. Seine Gefangenschaft gab ihm ungeheure Evangelisationsmöglichkeiten. Es war eine einmalige Chance, das Evangelium an die Soldaten und auch in die oberen Gesellschaftsschichten hineinzubringen.

„Seid beharrlich im Gebet und wacht in ihm mit Danksagung."

Ich schließe diesen wichtigsten Punkt meiner Predigt mit einem eindrucksvollen Zeugnis über eine Gebetserhörung, die der große Theologe der Pfingstbewegung, Derek Prince, während des 2. Weltkriegs gemacht hat. Die Briten waren durch Rommels Panzerarmeen schwer angeschlagen und auf dem Rückmarsch. Und sie drohten diese Schlacht zu verlieren. Der große Rückzug kam schließlich 42 Kilometer westlich von Kairo, in einem kleinen, unbedeutenden Städtchen namens El Alamein zum Stillstand. Es kam dann zu einer der wichtigsten Kämpfe und Entscheidungsschlachten der Weltgeschichte. Derek Prince spürte, dass der Heilige Geist ihn ständig darauf hinwies, Folgendes zu beten: „Herr, gib uns solche militärischen Anführer, dass es dir zur Ehre gereicht, uns durch sie Sieg zu schenken." Tag für Tag betete er diese Worte in der Hoffnung, die Situation werde sich ändern.

Und dann gab es tatsächlich eine Wende. Montgomery, der Sohn eines evangelikalen, anglikanischen Geistlichen hatte einen klaren Blick für die Lage und nahm die Sache in die Hand. Der Kampf dauerte vom 23. Oktober bis 04. November 1942 und war ein überwältigender Sieg der Briten. Etliche Tage nach Beendigung der Schlacht hörte Derek Prince, wie ein Kommentator der BBC im Radio schilderte, was sich in Montgomerys Hauptquartier abgespielt hatte. Monty hatte eine Parole an seine Männer herausgegeben, die Derek Prince nie gehört hatte. Sie lautete: „Bitten wir den Herrn, der mächtig im Kampf ist, uns den Sieg zu schenken." Als Derek Prince diese Worte im Radio hörte, spürte er ganz stark die Gegenwart Gottes und seine Stimme sagte klar und deutlich: „Das ist deine Gebetserhörung."

Derek Prince weinte, überwältigt davon, dass der Schöpfer des Universums bereit war, den Lauf der Geschichte zu ändern, weil ein einfacher Soldat – nämlich Derek Prince – in der afrikanischen Wüste gebetet hatte.
El Alamein war für England der Wendepunkt des 2. Weltkriegs.

„Das Geheimnis von effektiver (gesegneter) Gemeindearbeit!"
Erstens: Gebet!
Zweitens:

2)   Mission! (Verse 5 – 6)

a) Mission mit dem Verhalten!

Ich sagte es ja bereits: Paulus sitzt im Gefängnis und erwartet seine Todesstrafe. Er versinkt nicht in einer Verzweiflung und in Depression, sondern er bittet die Christen in Kolossä, dass sie dafür beten, dass Gott Türen öffnen möge, damit er das Evangelium in seiner Situation – das war so etwas wie ein lockerer Strafvollzug, wo Paulus auch Ausgang hatte und auch Besuch empfangen konnte – weitersagen konnte.

Verse 5-6: „[5] Verhaltet euch weise gegenüber denen, die draußen sind, und kauft die Zeit aus. [6] Eure Rede sei allezeit freundlich und mit Salz gewürzt, dass ihr wisst, wie ihr einem jeden antworten sollt."

Ich möchte an dieser Stelle gern etwas über Mission mit dem Verhalten und Mission mit Worten weitergeben. Zuerst das Verhalten.

Mission mit dem Verhalten.
„Verhaltet euch weise gegenüber denen, die draußen sind, und kauft die Zeit aus", schreibt Paulus hier. Das ist nicht ein Wort an Pastoren oder Missionare.

Natürlich auch für sie, aber dieses Wort gilt jedem, der Jesus kennengelernt hat. Das ganze römische Reich wurde in nur drei Jahrhunderten vom Evangelium erreicht. Mit 12 Aposteln fing es an, dann kam Paulus dazu … und schließlich haben sich alle Christen daran beteiligt in ihrer Nachbarschaft, in ihrem Berufsleben, usw. In nur drei Jahrhunderten wusste jeder Bewohner im römischen Reich etwas vom Evangelium von Jesus. „Verhaltet euch weise gegenüber denen, die draußen sind, und kauft die Zeit aus", das scheint irgendwie funktioniert zu haben.

„Führt euer Leben mit gottgeschenkter Weisheit, die in Jesus Christus zu haben ist und kauft die Zeit aus, den Kairos, den göttlichen Zeitpunkt, den günstigen Augenblick, die Top-Gelegenheit, die Stunde Gottes – das alles ist Mission mit dem Verhalten!"

Es geht hier nicht um Vollkommenheit und darum, keine Fehler machen zu dürfen, ganz im Gegenteil. Es ist ein großer Trost, immer wieder zu beobachten, dass Menschen, die aus der Wahrheit sind, durch alle Fehler und Schwächen der Christen hindurch dennoch etwas von dem Geheimnis Jesu wahrnehmen und trotz allem zu Ihm hinfinden.
Wer aus der Wahrheit ist, merkt, dass er sich nicht zu den Jüngern Jesu, sondern zu Jesus selbst bekehren soll.

Der amerikanische Missionar Jim Petersen hat viele Jahre mit den Navigatoren, einem Missionswerk, dass sich besonders dem Thema „Jüngerschaft" und der Arbeit unter Studenten gewidmet hat, in Südamerika gearbeitet. Er hat sich u. a. mit einem jungen intellektuellen Studenten namens Mario, der ein überzeugter Marxist war und sich alle westlichen Denker von Rousseau bis Kafka reingezogen hatte, 4 Jahre zum Bibelstudium zu zweit getroffen.

Eines Tages – Mario war inzwischen Christ geworden – erinnerten sich beide an diese Zeit zurück. Und Mario fragte Jim Petersen: „Weißt du, was mich eigentlich bewogen hat, mich für Christus zu entscheiden?" Jim Petersen dachte natürlich sofort an die vielen Stunden Bibelarbeit, aber er sagte dann: „Nein, ich weiß es nicht." Daraufhin Mario: „Erinnerst du dich daran, als ich das erste Mal bei dir zu Hause war und wir zusammen mit deiner Familie zu Abend gegessen haben? Und während ich dich, deine Frau und deine Kinder beobachtete und sah, wie ihr miteinander umgingt, fragte ich mich: Wann werde ich solch eine Beziehung zu meiner Verlobten haben? Als ich diese Frage mit „niemals" beantworten musste, stand für mich fest, dass ich Christ werden musste, um überhaupt zu überleben."

Auch Jim Petersen erinnerte sich an diesen besagten Abend. Aber der war für ihn alles andere als vorbildlich gewesen. Seiner Meinung nach hatten sich seine Kinder an diesem Abend nicht besonders gut benommen. Ihm fiel sogar ein, dass er sich besonders niedergeschlagen gefühlt hatte, weil er seine Kinder in Marios Gegenwart zurechtgewiesen hatte. Aber Mario hat nur gesehen, dass das Christsein eine Familie zusammenschweißt!
Nicht vollkommen, sondern ehrlich, authentisch, aufrichtig – Mission mit dem Verhalten!
Dazu kommt dann noch das Andere, auf das Paulus hier hinweist: Mission mit Worten.

b) <u>Mission mit den Worten!</u>
„Euer Wort sei allezeit freundlich, gütig, gnädig, anmutig, liebens- würdig, ... und mit Salz gewürzt, damit ihr wisst, wie ihr einem jeden antworten sollt."

Mission mit Worten fällt manchem nicht so leicht; andere haben damit überhaupt kein Problem. Interessant hier der Hinweis mit dem Salz. Salz würzt nicht nur die Speise, sondern auch ein missionarisches Gespräch.

Wenn man ein gutes missionarisches Gespräch führt, bekommen die Menschen, zu denen man spricht: Durst. Durst nach Jesus! Sie wollen mehr hören und erfahren.
Wer nicht evangelistisch begabt ist, kann es aber trotzdem lernen, mit Menschen über Jesus zu reden, und zwar so, dass sie „Durst" kriegen.

Schreib Dir doch mal auf, wie du Jesus kennengelernt hast, und beachte dabei 3 Fragen: 1) Wer war ich, bevor ich Jesus kennengelernt habe? 2) Wie genau bin ich zum Glauben an Jesus gekommen? 3) Wie erlebe ich Jesus heute? Welche Erfahrungen habe ich mit ihm gemacht? Nur 3 kurze Fragen. Und dann lerne das auswendig und erzähle es dir vor einem Spiegel selbst, bis du es auswendig aufsagen kannst.

Der Heilige Geist liebt es, wenn wir uns auf den Auftrag und auf ein Gespräch vorbereiten. Er ruft das dann ab, wenn du es brauchst! Er knüpft daran an. Probiere es einfach mal aus.

Und wenn du dann tatsächlich in eine Situation hineinkommst, wo du Jesus bezeugen kannst, nimm die Kraft des HG in Anspruch und bitte um Weisheit von oben für die evangelistische Gesprächsführung.

c) Missionarischer Lebensstil!
Ich gebe an dieser Stelle gern mal ein paar Tipps weiter, wie uns ein missionarischer Lebensstil mit der Zeit in Fleisch und Blut übergeben kann.

Hier sind die Tipps (Folie) ...

- ❖ Sorgenfrei leben! (1. Petr. 5,7)
- ❖ Absichtslos lieben! (Matth. 22,37-40)
- ❖ Leidenschaftlich anbeten! (Joh. 4,24)
- ❖ Hingebungsvoll dienen! (Matth. 25,21)
- ❖ Begeistert weitersagen! (Apg. 1,8)
- ❖ Geisterfüllt unterwegs sein! (Eph. 5,18)

Das zieht Kreise! Das bleibt nicht ohne Wirkung! Das führt dazu, dass Menschen Durst auf Jesus kriegen und ins Fragen kommen!

„Das Geheimnis von effektiver (gesegneter) Gemeindearbeit!"

Erstens: Gebet!

Zweitens: Mission!

Und ein dritter abschließender Gedanke und Stichwort:

3)   Teamarbeit! (Verse 7 – 18)

a) Gemeinde gibt es nur im Plural!

Es folgen abschließend „Grüße und Segenswünsche", und es fällt dabei auf, wie stark das Anteilgeben und Anteilnehmen unter den Christen damals war. Die Gemeinde in Kolossä hatte Paulus nie persönlich gesehen. Aber er ist ihnen so nahe, als lebte er unter ihnen.

Die Gemeinde Jesu ist durch die ganze Welt eine lebendige Einheit, wie eine große Familie unter dem gemeinsamen Oberhaupt Jesus Christus. Jeder Einzelne ist dabei ganz wichtig! Allein in unserem Abschnitt hier, in den Versen 7-18, stehen 12 Namen von Christen.

Die Schlusskapitel der Briefe im NT spiegeln den Zusammenhang der Gemeinde Jesu sehr lebendig wieder.

Man sorgt sich umeinander und unternimmt weite Reisen, um von den anderen Teilen der Gemeinde Jesu zu hören.

Der Dienst, den Open Door tut – Gebet für die verfolgte Gemeinde Jesu auf der ganzen Welt – ist unschätzbar und unüberbietbar! Die haben verstanden, was Paulus hier im letzten Vers 18 sagt: „Mein Gruß mit meiner, des Paulus Hand. Gedenket meiner Fesseln! Die Gnade sei mit euch."

Es berührt irgendwie merkwürdig und eigenartig, wenn ein Christ allein seinen Weg geht und ein Solochristentum führt. Christsein ja, Gemeinde nein! So einen Individualismus im Christsein gibt es wohl nur in der westlichen Welt. Mit dem Christsein der Bibel hat das gar nichts zu tun. Christsein im NT gibt es nur im Plural! Gemeinsam statt einsam sind wir unterwegs. Ich habe noch nie eine Nase allein durch Neustadt laufen sehen, oder ein Satz Ohren. Ein Leib hat viele Glieder. Jedes Glied hat seinen Platz am Körper und auch seine ganz spezielle Funktion und Aufgabe! Individualismus ist der Tod im Topf jeder Gemeindearbeit!

b) Teamplayer Paulus!
Paulus war Teamplayer, obwohl er einer der führenden Männer der Gemeinde Jesu seiner Zeit war. Er war eine wirkliche geistliche Autorität als Apostel und Missionar und hatte seine besondere Aufgabe und Funktion im Dienst für Jesus bis zuletzt ausgeübt und ausgeführt. Trotzdem wird er nie der Herr über seine Brüder und Schwestern, sondern steht in einer Linie mit ihnen allen vor Jesus. Das ist sein höchster Adel, ein Diener und Knecht Jesu zu sein. Übrigens auch meiner.

Und so haben die Christen auch ihr Christsein verstanden: Sie dienten dem Herrn aller Herren und dem König aller Könige *mit ganzem Herzen, mit ihrem ganzen Denken* und *mit ihrer ganzen Seele* und *mit all ihren Kräften!* Sie taten es gemeinsam! Sie taten das mit großer Hingabe und Dankbarkeit für Jesus, der sie bis zur Aufgabe Seines Lebens geliebt hat!

c) <u>Jeder an seinem Platz mit einem: TIK = Treue im Kleinen!</u>
Der Essener Jugendpfarrer Wilhelm Busch hat mal gesagt: Jeder Christ braucht einen TIK, keinen Tick mit „ck", sondern einen TIK ohne „ck".
TIK wie = Treue im Kleinen!
Sind wir treu? Treu im Dienst für Jesus? Eine Frage, die nur jeder für sich persönlich beantworten kann.

An dieser Stelle kommt ein „Wort des Dankes!" Ein „Wort des Dankes" von eurem Pastor. Danke, ihr Lieben für alles Mittun und Mithelfen im Weinberg und im Reich Gottes! Wenn ich nicht ganz daneben liege, habt ihr Freude daran, euch einzubringen und mitzuarbeiten! Also ein ganzes dickes Dankeschön! Und wer noch etwas zögerlich am Rande steht und nicht genau weiß, was er machen soll, um sich einzubringen, stell dir doch einfach mal die Frage: „Was würde ich gern für Jesus und diese Gemeinde tun? Was könnte mir so richtig doll Freude machen?" – Die Antwort, die du dann bekommst, könnte ein Hinweis auf eine Gabe des Heiligen Geistes sein. Und dann lege einfach los.

Bob Logan ein amerikanischer Pastor und Gemeindegründer war auch eine Zeitlang Pastor einer Ortsgemeinde … und bekam mit der Zeit in dieser Ortsgemeinde den Ruf: „Unser Pastor hat keine Ahnung!"

Das hing damit zusammen, dass er seinen Leuten und Mitchristen, die zu ihm kamen mit einem bestimmten Anliegen, wo sie gern mitarbeiten würden, oft gesagt hat: „Wenn du etwas auf dem Herzen hast und irgendeinen Dienst gern tun würdest, mach doch einfach." – Der Ansatz gefällt mir irgendwie: „Macht doch, was ihr wollt!" Wenn's _vom_ Herrn ist, und wenn es _für_ den Herrn ist, wird daraus eine reiche Frucht entstehen!

d) <u>Zusammenfassung!</u>

„Das Geheimnis von effektiver (gesegneter) Gemeindearbeit!"

Erstens:	Gebet!
Zweitens:	Mission!
Drittens:	Teamarbeit!

Die Gegenwart Jesu und die Zugehörigkeit zu Ihm begründet allein Gemeinde im eigentlichen und wesentlichen Sinne. Er, der in Seiner Person unser Friede mit Gott und unser Leben ist, ist auch der Einzige, der uns in tatsächlicher Weise als seine Gemeinde zusammenfügen kann. Jesus Christus selbst ist die eine unaussprechliche Gabe Gottes, in der alles für uns persönlich und für den Bau seiner Gemeinde beschlossen liegt.

Das ist die Botschaft des Kolosserbriefs auch heute an uns.

Ich lese uns abschließend noch mal die Verse 2-6 …
Und dann folgen noch … die Verse 7 bis 18 …

Amen!

---

14. Nachwort

Reich beschenkt mit Jesus

Es gibt nur einen Weg zu Gott, und der führt über Jesus Christus. Der christliche Glaube ist keine Religion, sondern das Ende von Religion. Religion heißt „tun", das Evangelium bedeutet „getan". Religion beschreibt den Weg des Menschen von unten nach oben, das Evangelium beschreibt den Weg von oben nach unten. Gott ist der heruntergekommene Gott. Er kommt von oben – vom Himmel – herunter auf die Erde in seinem Sohn Jesus Christus. Und wir Menschen feiern Weihnachten. Paulus wird nicht müde, in seinen Briefen – und der Kolosserbrief ist einer davon – darauf hinzuweisen, dass Gott uns in seinem Sohn Jesus Christus ein unvergleichliches und nicht zu überbietendes Geschenk macht, „in dem die ganze Fülle der Gottheit leibhaftig wohnt, und an dieser Fülle habt ihr Teil in ihm, der das Haupt aller Mächte und Gewalten ist", Kolosser 2,9-10. Die Lehre von Christus im Kolosserbrief entspricht ganz der Art und Weise, wie Paulus von Christus redet und schreibt. Er beschreibt den gekreuzigten Christus als den von den Toten auferstandenen, im Himmel zur Rechten Gottes sitzenden und als Haupt der Gemeinde regierenden Herrn. Und das betont er auch in Abgrenzung zu einer bestimmten Irrlehre. Es ist deshalb nicht erstaunlich, dass hier, wie überall sonst das gleiche Zeugnis über Jesus Christus, seine Souveränität, die Fülle seines Heils, seinen Triumph am Kreuz und die Macht seiner Auferstehung zu finden ist. Der Schweizer Theologe Frédéric Godet weist darauf hin, dass Paulus in diesem Brief zeigt, was Christus für die Gemeinde ist, im Epheserbrief hingegen, was die Gemeinde für Christus ist.

15. Quellenangabe und Literaturverzeichnis

❖ Lutherbibel 1984

❖ Griechisches NT (Nestle-Aland Novum Testamentum Graece)

❖ Logos Bibelsoftware (Logos 10, Free Edition 32.1.31)

❖ Kleines Wörterbuch zum griechischen Neuen Testament (Kassühlke)

❖ Das Zentrum (Seelsorgerliche Studien über den Kolosserbrief) von Erich Schnepel

❖ Kommentar-Reihen:

   o Wuppertaler Studienbibel: Der Kolosserbrief von Werner de Boor

   o Bibel-Kommentar von Heiko Krimmer

   o Brockhaus Kommentar zur Bibel

   o Das Neue Testament (John F. Walvoord und Roy B. Zuck)

❖ Andachtsbücher von Axel Kühner (Aussaat-Verlag)

   o Überlebensgeschichten für jeden Tag

   o Eine gute Minute

   o Hoffen wir das Beste

   o Zuversicht für jeden Tag

   o Aus gutem Grund

❖ Vier Gleichnis-Bände von Heinz Schäfer mit Beispielen für die Wahrheit der Bibel (Christliches Verlagshaus)

   o Hört ein Gleichnis

   o Mach ein Fenster dran

   o In Bildern reden

   o Wie in einem Spiegel

16. Autor

In Nordhessen geboren und aufgewachsen. Verheiratet, Vater von zwei Töchtern. Zwei Enkelkinder.

Beruflicher Werdegang: Ausbildung zum Krankenpfleger an der Uniklinik Marburg. Ausbildung zum Pastor am Theologischen Seminar Tabor in Marburg. Fortbildungen in Biblisch-Therapeutischer Seelsorge (BTS).

Seit 1984 Pastor aus Berufung in einer evangelischen Freikirche.

Nach 40 Jahren Dienst als Pastor seit 2024 im Ruhestand. Immer noch begeistert von Jesus und seiner Erfindung Gemeinde, und hier und da weiterhin für Gott unterwegs.